PHONÉTIQUE ET ENSEIGNEMENT DE L'ORAL

Élisabeth GUIMBRETIÈRE

U.F.R. Didactique du F.L.E.
Université Paris III

Didier / HATIER

© Les Éditions Didier, Paris, 1994   ISBN 978-2-278-04370-5   Imprimé en France

INTRODUCTION

Écrire commence toujours par une explication, sous forme de justification en quelque sorte, sur ce que l'on a envie de dire, expliquer pourquoi on le fait et justifier les prises de position et l'orientation donnée à l'ouvrage qui, même s'il ne répond pas à toutes les attentes, constitue un éclairage possible sur le sujet traité.

Faire le point sur un domaine, comme nous souhaitons le faire ici, n'est en rien faire le tour d'une question, ni être exhaustif, cela signifie tout simplement ancrer spatio-temporellement une vision du domaine concerné qui comme toute vision sera parcellaire, volontairement arbitraire.

L'oralité, comme le dit Claude Hagège, va de soi, elle est constitutive des langues depuis toujours[1], et pourtant peu d'ouvrages, nous semble-t-il, lui ont accordé le regard et l'intérêt qu'elle mérite dans notre champ de la didactique du Français langue étrangère.

Qu'est-ce que **l'oral** ? Si nous avons choisi ce terme, c'est bien entendu en fonction du public auquel nous nous adressons, c'est-à-dire, principalement ceux, formateurs et formés, formateurs de formateurs, didacticiens, qui se sentent concernés par la didactique des langues et des cultures, par la diffusion de la langue et de la culture françaises. Pour ceux-là donc, le terme *oral* convient car il cerne tout de suite le champ d'intervention, le type de compétence et de performance, en situation d'enseignement/apprentissage.

L'oral a sa place dans le panorama de la didactique du français langue étrangère et constitue un domaine *complémentaire* aux autres éléments constitutifs de la didactique des langues et des cultures, comme les composantes culturelle, lexicale, grammaticale etc.. À travers cet ouvrage, nous proposons donc un regard sur l'une des composantes de la didactique du français langue étrangère.

1. Claude HAGÈGE (1985) *L'homme de paroles*, Fayard, p.69.

En revanche, l'utilisation de ce terme peut paraître incongru, peut-être trivial dirons-nous, aux spécialistes qui s'attachent à décrire la langue et son fonctionnement, nous voulons parler bien sûr des linguistes pour lesquels l'oral est souvent synonyme de français parlé c'est-à-dire de français populaire. Suivons alors les conseils d'Eddy Roulet :

> « Il importe donc, pour éviter ces confusions fâcheuses, soit d'enterrer ces connotations de registres ou de niveaux de langue, soit, comme le propose Peytard (1978), de remplacer parlé et écrit par les termes neutres d'oral et de scriptural, en précisant qu'il s'agit de formes différentes. »[2].

L'oral, c'est cette partie de la langue qui devient *parole*, pour reprendre la distinction saussurienne, et qui s'actualise dans le *sonore*, mais aussi dans *l'éphémère*. Une image vient tout de suite à l'esprit, l'oral c'est ce dessin ou ces quelques lettres tracées sur le sable par une main et que le ressac de la vague va effacer progressivement. C'est aussi cette pensée en perpétuel devenir qui s'exprime, mais jamais tout à fait comme il le faudrait, ou comme elle le voudrait, qui revient sans cesse sur elle-même, qui n'en finit pas de se dire, qui part dans une direction mais qui revient sur ses pas, qui s'efforce de contenir tout ce qui afflue, tout ce qu'elle voudrait dire mais qui ne s'exprimera jamais. Parce que ça n'est pas le bon moment, parce que c'est oublié avant même d'être dit.

> « Le discours qu'il [l'oral] déploie n'est pas, en effet, une pure inscription que l'œil puisse parcourir en sens inverse, mais bien une onde sonore dont le souvenir risque toujours s'il n'est pas aidé, de s'évanouir à mesure même de sa progression. »[3].

C'est cela vraisemblablement l'essence véritable de l'oral, cet objet éphémère que nul jamais n'attrapera si ce n'est les gadgets des temps modernes, que sont les magnétophones et autres appareils du même type. La sagesse de la tradition orale le sait bien, elle qui choisit celui ou celle qui aura le privilège de la faire vivre, elle qui « conserve les monuments d'une culture, mais ne [laisse] pas de trace matérielle » selon la formule de Claude Hagège[4].

Mais dans ce *flux sonore* qui part et qui revient, s'organise et se structure par delà son *apparence verbale désorganisée*, le chemin est là, bien tracé par l'oreille, pour celui qui sait le suivre. Comme le promeneur qui traverse le gué, il saute d'une pierre à l'autre et arrive de l'autre côté de la rive sans encombre, suivant un chemin qui n'est pas aussi *linéaire* que les apparences voudraient le faire entendre puisqu'il suit les méandres de la pensée.

> « Étudier le français parlé, c'est étudier des discours généralement non préparés à l'avance. Or, lorsque nous produisons des discours non préparés, nous les composons au fur et à mesure de leur production, en laissant des traces de cette production. »

Et pour illustrer sa définition de l'oral (ou du français parlé pour reprendre ses termes), Claire Blanche-Benveniste, propose une disposition hautement significative et illustrative du phénomène. Elle montre ainsi en quoi **le phénomène de**

2. Eddy ROULET (1991) « La pédagogie de l'oral en question (s) » in *Parole étouffée et parole libérée*, M. Wirthner, D. Martin et P. Perrenoud (dir), Delachaux et Niestlé, p.44.

3. Claude HAGEGE (1985) idem, p.85.

4. Claude HAGEGE (1985) idem, p.84

linéarité (jugé par ailleurs incontournable par Claude Hagège) n'est qu'une illusion. Elle indique comment « le locuteur est amené à faire des allées et venues sur l'axe syntagmatique » et comment il est amené à se corriger en parcourant d'avant en arrière cet axe[5].

Il y a dans la nature même de l'oral, ce caractère unique, être un, jamais tout à fait identique, jamais tout à fait le même, sans cesse renouvelé. La langue peut être la même mais la réalisation sonore, la parole, la communication orale, l'oral en un mot, seront à chaque fois différents, voilà pourquoi le charme opère, voilà où réside la diversité, l'individu sera là toujours présent.

C'est donc bien dans sa source sonore et dans son *substrat sonore* que **l'oral** prend naissance, et, lorsque l'on parle d'oral, c'est d'abord et avant tout entrer dans le domaine de *la phonétique*, discipline reine pour l'analyse et la description de cette composante de la langue.

Or, si jusqu'à présent, on a vu peu d'ouvrages traiter de l'oral proprement dit, c'est qu'il aurait fallu faire un sort au domaine phonétique, considéré par les non-spécialistes, comme ardu et rébarbatif :

> « La phonétique, pour les non-spécialistes, est une science ardue, vaguement intimidante par sa technicité même. On espère apprendre à l'utiliser, on n'envisage pas sérieusement de chercher à la connaître. [...] Discipline vécue à la fois comme difficile et indispensable, la phonétique a tenu, dans la didactique, une place toujours singulière : tantôt éminente, tantôt subalterne, jamais anodine. Redoutée, fascinante, elle s'incarne pédagogiquement et sociologiquement, pour l'apprenant comme pour le béotien, dans l'une des valeurs les plus hautes de la pratique langagière : la prononciation. »

On ne peut trouver d'explication plus juste sur les rapports entretenus entre **phonétique** et **didactique** que celle fournie par Louis Porcher[6].

Mais, nous dira-t-on, la **phonétique** n'est pas la discipline qui couvre à elle seule l'étude de l'oral. Non bien entendu, elle en est simplement la discipline fondamentale, notamment dans l'enseignement-apprentissage d'une langue. Tout le monde le reconnaît fort bien d'ailleurs, même si, dans leur grande majorité, les linguistes esquivent prudemment le problème et se refugient plutôt dans la description et l'analyse du français écrit[7]

Il ne suffit pas, cependant, de s'en tenir à la syntaxe, même celle du français parlé ; comment envisager d'étudier l'oral, ou si l'on préfère la parole, sans le support de la *composante prosodique* ? L'existence et l'agencement des mots, des éléments grammaticaux de la langue ne peuvent en aucun cas exister sans l'organisation segmentale et supra-segmentale de la substance sonore ; cela reviendrait tout bonnement à imaginer que l'on puisse vivre sans squelette !

Toutes les descriptions sur l'oralité de la langue le prouvent bien, seuls les *phénomènes prosodiques* sont à même de vertébrer la parole, de permettre à ces

---

5. Claire BLANCHE-BENVENISTE (1990) *Le français parlé, études grammaticales*, Éditions du C.N.R.S., pp.23-24.
6. Louis PORCHER (1987) « Simples propos d'un usager », in *Études de Linguistique Appliquée*, n°66, Didier-Erudition, p.135.
7. Comme le remarque Eddy Roulet, on a attendu longtemps avant de travailler sur l'oral : « il faudra attendre la thèse de Denise François, en 1974, et les premiers travaux du Groupe aixois de recherche en syntaxe, en 1977, pour que soit entreprise l'étude systématique de la syntaxe des énoncés du français parlé. » op. cit. p.45.

éléments de la langue, ces bribes, ces éléments tronqués dont parle Claire Blanche-Benveniste, d'avoir une existence c'est-à-dire d'être des signaux émis et reçus, de constituer un message.

Dans l'apprentissage de l'oral, l'important n'est pas d'apprendre un mot ou un groupe de mots ou une structure syntaxique – n'importe quel support écrit s'en charge – mais bien de distinguer, de s'approprier leur oralisation, la *forme sonore* dans laquelle se coulent ces mots, ces groupes de mots.

Encore faut-il savoir interpréter ces marques prosodiques, dont les signes de ponctuation ne sont que « d'indigents reflets »[8], en langue étrangère, et c'est là tout le travail requis par les *didacticiens de l'oral*. Si la discipline de référence est la phonétique elle n'en demeure pas moins un objet d'étude qui, en tant que tel, sera soumis à certaines manipulations.

L'objectif du présent ouvrage est de démontrer que cette discipline est transmissible, que la technicité dont on l'affuble est abordable par tous, et que le savoir qu'elle requiert n'est certainement pas plus complexe que celui d'autres disciplines. Et une didactisation réussie est seule capable de démontrer qu'une connaissance minimale en la matière est tout à fait possible.

Une connaissance minimale est nécessaire même si elle doit faire « grincer bien des dents parmi les spécialistes » qui, comme le dit Louis Porcher, voudraient que l'on prenne le tout de la discipline et non pas que l'on fasse une sélection savamment dosée des éléments essentiels à la didactisation de la discipline ![9]

La **didactique** va donc essayer de s'emparer de ce domaine mouvant, et dans le règne de l'éphémère va s'efforcer de trouver son chemin. En quels termes ? C'est à elle de le définir.

Il lui faut cerner les contenus à transmettre, en un mot **établir des relations** entre didactique et phonétique, c'est-à-dire *opérer une sélection* dans la masse des informations, dans la jungle terminologique, dans le labyrinthe des recherches, des interrogations, des découvertes.

C'est en fait une **collaboration interdisciplinaire** qui est requise et les disciplines qui ne posent pas cela comme principe en restent à la seule transmission de connaissances qui sont simplement de l'empilation de savoirs, savoirs que l'on va thésauriser, qui resteront là bien sagement dans un coin de la mémoire ou ailleurs, mais qui n'auront aucune vie propre puisque non réutilisés par l'individu. Pour qu'une discipline vive, il lui faut être transmise, que puissent s'établir des relations entre celui qui possède le savoir et celui qui veut l'apprendre, c'est-à-dire comme le suggère Daniel Gaonach, que ces relations soient fondées sur des courants de recherche partagés par les deux disciplines[10].

Qu'est-ce donc qu'*apprendre* et par voie de conséquence qu'est-ce donc qu'*enseigner* ? Quels *contenus*, quelles *démarches* utiliser ? Autant de questions qui sont du ressort de la didactique et auxquelles nous tenterons de répondre chemin faisant. On pourrait se dire que ces interrogations ne concernent que l'univers des langues, mais pas seulement, car toutes les disciplines ont pour vocation au

---

8. Claude HAGEGE (1985), op. cit. p.93.
9. Louis PORCHER (1987), op. cit. p.136.
10. Daniel GAONAC'H (1988) « Psychologie et didactique des langues : perspectives de recherche en psychologie du langage », in *Études de Linguistique Appliquée*, n°72, pp.84-90.

départ d'être enseignées, c'est-à-dire de permettre à un certain nombre de personnes de pénétrer dans un univers nouveau puis de digérer, d'assimiler ce qui leur donnera la possibilité plus tard de devenir à leur tour, peut-être, des spécialistes du domaine.

Il est vrai cependant, comme le souligne Louis Porcher, que :

> « Les langues vivantes (maternelles ou étrangères) possèdent en effet cette caractéristique spécifique (par rapport à toutes les autres matières d'enseignement) qu'elles sont constamment et immédiatement présentes, telles quelles, dans la vie journalière. Elles sont utilisées telles quelles, et ce sont donc de véritables compétences d'usage, et d'usage direct. Elles sont tout entières du côté du savoir-faire. »[11]

Spécialiste, spécialité, scientificité, savoir, théorie, autant de termes qui semblent s'opposer à l'univers didactique. Comment est-il possible de passer de ce *savoir savant*, le seul qui ait de la valeur aux yeux de certains, à *son enseignement*, sinon en le réduisant, en le simplifiant, c'est-à-dire en le vulgarisant ? Voici autant d'arguments à combattre pour donner à la didactique son juste rang et nous nous ferons, ici, l'écho des propos de Robert Galisson, militant pour une constitution effective de la didactologie/didactique des langues et des cultures en tant que discipline :

> « Je ne lutte donc pas pour une scientifisation coûte que coûte de la discipline, mais pour une autonomisation passant par la mise en œuvre de modèles théoriques (garants de sa cohérence interne) qui ne seraient plus parachutés arbitrairement d'en haut, mais s'enracineraient dans des environnements culturels précis. »[12]

L'évolution de toute discipline, de tout savoir ne peut aller qu'avec un va-et-vient constant entre le monde de la théorie, de la connaissance, et celui de la pratique, celui de l'expérimentation, comme le souligne Louis Porcher, commentant la pensée barchelardienne :

> « La science en effet se construit « en transmettant du même coup une pensée et une expérience, liant la pensée et l'expérience dans une vérification : le monde scientifique est donc notre vérification »[13].

La didactique doit se nourrir des différentes disciplines certes mais aussi de sa propre réflexion, confrontée comme elle peut l'être aux interrogations des différents champs et du sien propre. Elle va devenir le **lieu de synthèse** de rencontres, de mise en commun, elle doit être capable de créer des **réseaux de signification** et élaborer un **appareillage conceptuel** lui permettant d'avancer.

Pour ce faire, **l'aspect terminologique** ainsi que **l'option épistémologique** nous paraissent être des éléments constitutifs de la didactique parmi les plus importants.

Il est du plus haut intérêt d'offrir l'accès à une discipline de référence à partir

11. Louis PORCHER, (1991) « L'évaluation des apprentissages en langue étrangère » in *Études de Linguistique Appliquée*, n°79, p.5.

12. Robert GALISSON (1986) « Eloge de la didactologie/didactique des langues et des cultures (maternelles et étrangères) » in *Études de Linguistique Appliquée*, n°63, Didier-Erudition, p.39.

13. Louis PORCHER (1987), « Promenades didacticiennes dans l'œuvre de Bachelard » in *Une introduction à la recherche scientifique en didactique des langues*, Coll Essais, Credif Didier, p.125.

d'une terminologie à la fois simple mais rigoureuse en prenant soin de procéder, à chaque fois, à des mises au point explicatives et référencées dans le discours adressé aux formateurs[14].

Transmettre des connaissances dans un certain domaine demande que l'on soit capable de prendre du recul avec la discipline, avec la terminologie des spécialistes, c'est alors être capable d'un regard extérieur pour faire des choix. Ces choix doivent être faits soit en termes de secteurs d'activité ou de recherche, soit en termes d'écoles ou de tendances.

C'est aussi faire faire « la visite de la maison » à partir d'un itinéraire qui permette aux non initiés de se familiariser avec le domaine sans les rebuter par l'aridité d'une terminologie ou l'hermétisme d'un discours. Mais c'est aussi les motiver suffisamment pour donner la vocation à certains, leur donner l'envie d'en connaître plus.

Par ailleurs, que ce soit pour la discipline de référence comme pour la didactique, il est de la plus haute nécessité de replacer les concepts, les notions ou termes-clés dans une perspective historique.

> « Toute connaissance a une histoire, et celle-ci fait partie de cette connaissance elle-même. » dit Louis Porcher[15]

Derrière les batailles terminologiques et conceptuelles se trouve la clé des enjeux méthodologiques ; ceux qui les ont vécues (ils sont encore nombreux car la discipline est jeune !) le savent et se le rappellent mais les « jeunes », ceux qui arrivent, ont besoin, eux, de ces jalons historiques pour bien comprendre le chemin parcouru et celui qui reste à parcourir, les domaines non encore explorés :

> « On voit apparaître un concept bachelardien fondamental, celui de « profil épistémologique ». Toute connaissance, produit d'une histoire, enchaînement d'erreurs sans cesse rectifiées et sans cesse nouvelles, porte encore en elle-même (et surtout) de manière masquée, les marques de cette trajectoire historique. Elle a pris diverses formes au cours de l'évolution, et l'on peut repérer dans ces formes la nature des transformations subies. L'ensemble de ces formes successives et de leur engendrement c'est ce qui constitue le « profil épistémologique » d'une connaissance donnée. »[16]

C'est une mémoire collective du champ que l'on constituera autant à partir des objets qu'à travers l'histoire des hommes qui ont aidé à le construire. Et comme le remarque également Daniel Coste :

> « Il convient, liminairement, de rappeler que, pour aller de l'avant, il n'est jamais inutile de savoir d'où l'on vient. La légitimation d'une pratique, même sans lignée prestigieuse, passe aussi par une connaissance de ses origines, de son évolution, des conditions changeantes de son exercice. »[17]

Une **didactique de l'oral** veut se définir comme un *carrefour*, c'est-à-dire permettre à différents domaines de se retrouver et de s'apporter aide mutuelle autour

---

14. On se reportera à l'article consacré à l'analyse du discours de formateurs : Catherine Le Hellaye, Sophie Moirand, « Voyage à travers des discours de « formateurs », in *Des formations en français langue étrangère*, numéro spécial Le Français dans le Monde, août-sept. 1992.

15. Louis PORCHER (1987), op. cit. p.130.

16. Louis PORCHER (1987), op. cit. p.131.

17. Daniel COSTE (1986) « Didactique et diffusion du français langue étrangère » in Priorité (s) FLE, *Études de Linguistique Appliquée*, n°64, Didier-Erudition, p.18.

d'un objet d'étude commun : *l'enseignement/apprentissage de la langue et de la culture* ; et ces domaines vont aller de la *phonétique* à la *psychologie cognitive* et à la *psychologie du langage* en empruntant les voies (ou voix !) des *théories sur l'apprentissage* et de celles de la *neuro-pédagogie*. Mais que ce soit pour l'un ou l'autre de ces domaines, il est clair qu'utiliser les savoirs d'une discipline, c'est être capable de *croiser* les recherches des disciplines connexes avec les recherches méthodologiques plutôt que de les substituer et de les utiliser telles quelles, pour reprendre la formule d'Henri Besse[18].

En l'occurrence la phonétique,
> « didactiquement, est un élément dans une totalité, élément capital, mais
> élément seulement, qui ne saurait se prendre pour le tout »[19]
et devient pour les enseignants une méthodologie de l'enseignement de la prononciation, exigeant de leur part qu'ils assimilent à partir de la discipline de référence les éléments de base nécessaires à leur situation d'enseignement/apprentissage.

Parler de méthodologie de l'enseignement de la prononciation montre bien que les savoirs ne peuvent être transmis tels quels aux formés qui dans la plupart des cas ne demandent rien d'autre que des savoir-faire immédiatement réinvestissables dans la pratique langagière. En d'autres termes, les formés, à quelques exceptions près, ne cherchent pas à savoir le *pourquoi* mais veulent connaître le *comment faire* pour pouvoir l'utiliser.

À côté des savoirs à finalité didactique il faut proposer aux enseignants des *stratégies d'enseignement/apprentissage* qui ne sont pas à proprement parler des pratiques de classe (ce sont les enseignants qui font la classe et non les didacticiens, à chacun son métier !) mais des *programmations* en termes de *contenus* et de *progression*.

---

18. Henri BESSE (1986) « Pour un retour de la méthodologie » in *Priorité (s) FLE, Études de Linguistique Appliquée*, *n°64*, Didier-Erudition, p.15.

19. Louis PORCHER (1987) « Simples propos d'un usager », in *Études de Linguistique Appliquée, n°66*, Didier-Erudition, p.137.

PARTIE 1

DE LA DISCIPLINE EN QUESTION

Lorsque l'on se place dans la perspective de parler une langue étrangère, une des choses essentielles est d'essayer de *produire une suite de sons* qui fassent sens. Pour qu'ils fassent sens il est nécessaire de faire en sorte que ces sons soient conformes à ce que l'on attend dans la langue, c'est-à-dire qu'ils soient *reconnus auditivement* par les locuteurs natifs et ensuite que ces sons, assemblés les uns aux autres, produisent ce que l'on appelle un message. Cette opération, une lapalissade pour certains, ne va pas de soi en langue étrangère et notre propos, ici, sera de mettre à plat et de définir le plus précisément possible ce qu'il est nécessaire de mettre en œuvre auprès des acteurs de cet enseignement/apprentissage pour que les différentes forces en présence interagissent dans les meilleures conditions et pour les meilleurs résultats.

L'**aspect segmental** et l'**organisation supra-segmentale** de la langue se mêlent étroitement pour constituer ce que l'on appelle la *substance sonore du langage* qui doit ensuite être enseignée puis apprise.

Il paraît important de donner une définition de ces deux aspects pour montrer en quoi et comment les protagonistes de l'acte pédagogique pourront se frayer un chemin et circuler dans la terminologie utilisée par les spécialistes du domaine.

Il est bien évident aussi qu'il sera nécessaire de procéder à un tri ou plutôt à une sélection des termes indispensables et d'établir une hiérarchie en fonction des objectifs et des besoins.

Un des rôles fondamentaux de la didactique est d'éclairer les rapports existant entre les différentes composantes d'une discipline, étant donné que pour les non-spécialistes les termes et les appellations se ressemblent. Or, il n'est pas toujours facile de délimiter les attributions de l'un ou de l'autre.

Phonétique, phonologie et prosodie : quelques définitions

Ces trois termes ont besoin d'être définis dans un premier temps car ils sont souvent pris l'un pour l'autre. Pour ce faire, je rappellerai les définitions données par P. Léon :

> « La phonétique est la discipline qui étudie essentiellement la substance de l'expression. Elle montre la composition acoustique et l'origine physiologique des différents éléments de la parole. »[20]

On ira alors interroger la **phonétique** lorsque l'on aura besoin de connaître ce qui concerne pour les individus les *processus physiologiques de la parole*, les *organes phonatoires*, mais également, les *composantes acoustiques des sons*. Les réponses apportées nous permettront de mieux comprendre ce qu'ils peuvent représenter comme aide ou inhibition dans l'apprentissage d'une langue étrangère.

> « La phonologie ou phonétique fonctionnelle (nommée aussi phonémique) est la discipline qui étudie la forme de l'expression, c'est-à-dire l'arrangement selon lequel s'établit la fonction distinctive des phonèmes, dans la structure de la langue. »[21]

C'est ce domaine bien évidemment qui nous servira lorsque l'on voudra mettre en relation, en regard, le **système phonologique** de la langue maternelle et celui de la langue apprise, il nous permettra de déterminer les **phonèmes** existants ou absents, les phonèmes qui demanderont une mention particulière au plan de l'enseignement/apprentissage.

La **prosodie** n'est pas très simple à définir ; parallèlement aux phonèmes elle *organise la substance sonore* en lui ajoutant différents éléments qui vont affecter les phonèmes et leur donner vie, en quelque sorte, ou plutôt *épaisseur* : ce sont la **durée**, l'**intensité** et la **hauteur**. La prosodie se superpose aux phonèmes. On peut donc analyser ces deux plans qui, dans la parole, sont toujours en fait étroitement associés. Si l'on se place au plan de l'expression verbale, l'**aspect segmental**, ou articulatoire, ou phonématique se trouve conjoint à l'**aspect suprasegmental**, aux marques prosodiques, pour constituer la substance de l'expression langagière.

La prosodie peut en quelque sorte être considérée comme la *ponctuation du code oral*, c'est ce qui permettra aux locuteurs et aux auditeurs d'une langue d'organiser, de structurer cette chaîne sonore en unités de sens.

Les indices acoustiques de la chaîne sonore, ou paramètres (durée, intensité, hauteur et les phonéticiens parleront d'analyse pluriparamètrique en phonétique expérimentale), vont se combiner de façon concomitante à chaque point de la chaîne et produire des procédés ou phénomènes acoustiques permettant de segmenter l'énoncé, d'accentuer et de mettre en valeur tel ou tel segment de l'énoncé, mais aussi de produire des effets particuliers à travers la forme d'une courbe mélodique.

C'est bien évidemment ce domaine que nous questionnerons lorsque nous voudrons en connaître un peu plus sur les moyens que possède la langue de nous

---

20. P. LEON (1992) *Phonétisme et prononciations du français*, Nathan, Coll. Fac, p.6.
21. idem p.7

apporter des informations sur le contenu du message, sur ce qui est véhiculé en dehors et au-delà des mots mêmes.

Nous allons nous efforcer de reprendre ces trois domaines et de les interroger en didacticien, c'est-à-dire de dégager des différentes recherches en phonétique, ce qui est susceptible de fournir des contenus à enseigner. A qui et comment ? C'est ce que nous dirons ultérieurement. Attachons-nous dans ce chapitre à traiter de l'objet d'enseignement.

Penser en didacticien c'est, d'une part, effectuer une sélection des données et mettre en relation des éléments qui peuvent faire l'objet, pour des spécialistes, de recherches distinctes ; c'est, d'autre part, rendre abordable une discipline par delà la barrière de son jargon, c'est donc expliquer, définir, rapprocher les termes identiques mais surtout faire en sorte que chaque terme utilisé le soit dans sa véritable acception.

1.1. Phonétique : quelques considérations d'ensemble

Ce domaine va nous permettre de comprendre l'aspect purement physiologique de la parole en ce qu'il nous donne accès à la description de l'**appareil phonatoire** mais aussi de la relation à la symbolisation, à la formalisation des sons, à l'abstraction des réalisations sonores.

Dans une perspective didactique, on se rend compte évidemment de l'utilité de connaître la physiologie de l'appareil phonatoire, ce qui conditionne les organes moteurs de la parole pour pouvoir appliquer ou se servir de ce savoir et faire des interventions de manière adéquate en situation d'enseignement/apprentissage d'une langue étrangère.

Parler c'est solliciter, plus que pour tout autre domaine de la langue, des organes physiques et sensoriels de l'individu ; c'est cet aspect qui d'ailleurs peut rebuter plus d'un partenaire de l'acte pédagogique lorsqu'il s'agit de s'y attarder. L'*oreille*, d'une part, va nous servir à percevoir et les *organes* de l'*appareil phonatoire*, d'autre part, vont nous permettre de produire les sons.

1.1.1 Production des sons

L'**appareil phonatoire** se compose de plusieurs éléments : les *poumons* qui contiennent l'air et le propulsent vers l'extérieur, les *cordes vocales* qui vibrent sous l'action de l'air qui passe et enfin les différentes *cavités* qui vont servir de *résonateurs* et donner aux différents sons leur qualité acoustique[22].

C'est notre cerveau qui commande la vibration des cordes vocales et l'air passant dans le conduit enfermant les cordes vocales, conduit appelé glotte, va permettre et faciliter la phonation. Les termes utilisés peuvent parfois induire en

---

22. pour plus de détail on se reportera à l'ouvrage de P. LEON, op. cit.p.52 et suivantes.

erreur et c'est particulièrement vrai dans la dénomination des cordes vocales qui ne sont en rien des cordes mais des *muscles*.

La phonation se produit sur la phase d'*expiration de l'air* et provient à la fois d'un certain degré de *tension musculaire* des cordes vocales et de l'utilisation appropriée des *zones de résonance* buccale, nasale et labiale.

Le son ainsi produit possède une hauteur de base qui est propre à chacun et que l'on dénomme *fondamental usuel* ; celui-ci correspond à la hauteur émise lorsque l'on prononce le « euh » d'hésitation. Cette hauteur dépend de la longueur des cordes vocales qui, elle aussi, est individuelle et strictement physiologique. La hauteur ainsi définie pour un individu est en quelque sorte la note de base de sa ligne mélodique à partir de laquelle il pourra monter ou descendre en fonction des besoins.

L'individu pourra donc au gré de ses productions langagières égrener les sons tels des notes de musique. On parlera alors de **tessiture** pour la voix humaine et cela renvoie à la *gamme* des *hauteurs* possibles pour un individu, le **registre**, quant à lui, renvoyant à la *gamme* de *notes* la plus *fréquemment* et la plus naturellement utilisée dans la parole.

On utilise aussi le terme de **timbre** pour caractériser la voix, on dira que le *timbre des sons* est lié à la hauteur de la fréquence telle que nous venons de la définir ; le *timbre de la voix*, quant à lui, est lié au spectre de la voix et dépend de notre conformation anatomique, il est le produit du signal laryngé et des résonnateurs.

C'est pourquoi, étant donné la configuration particulière du visage de chacun d'entre nous, le timbre est propre à chaque individu et c'est lui qui donne à chacun sa spécificité vocale.

L'**articulation** désigne le fait de produire un son à partir du mouvement de l'air laryngien dans des zones particulières de la bouche et du nez. Lorsque l'air transite dans le conduit laryngien, il n'est pas encore à proprement parler un phonème, c'est-à-dire un élément significatif possédant des propriétés articulatoires et acoustiques en propre. Cette note de musique, comme nous nous sommes amusée à la désigner précédemment, va devenir **phonème vocalique** ou **consonantique** seulement après être passée par des zones de résonance particulières et sera classée selon son appartenance à un des **trois** grands **types articulatoires** que nous allons définir ci-dessous.

Les **phonèmes vocaliques** offrent un passage ouvert à l'air qui provient du larynx et constituent le **premier type articulatoire**.

Le **deuxième type articulatoire** concerne les **phonèmes consonantiques**, dits **constrictifs**, qui réduisent à un couloir étroit le passage de l'air mais le laissent néanmoins s'écouler pendant l'émission du phonème.

Le **troisième type** est constitué par les **phonèmes consonantiques**, dits **occlusifs**, qui opposent un arrêt total mais momentané au passage de l'air au cours de l'émission.

On s'aperçoit alors que la réalisation des phonèmes dépend du chemin emprunté par le flux sonore, et des obstacles qu'il rencontre, entre le moment où l'air est expulsé des poumons jusqu'au moment où il sort par la bouche : le passage de l'air dans le conduit laryngien et les vibrations des cordes vocales qui sont consé-quentes à ce passage conditionnent, par leur plus ou moins grande amplitude, la hauteur du son ; c'est au niveau du larynx également que se déterminent deux grands types de sons : ceux qui sont appelés **sonores** ou **voisés** par le fait que les cordes vocales vibrent, et ceux qui sont appelés **sourds** ou **non voisés** parce que les cordes vocales ne vibrent pas.

Enfin, les divers mouvements opérés par la langue forment des zones dans les cavités buccale, nasale ou pharyngale permettant à l'air de résonner. La classifi-cation des phonèmes se fera en prenant en considération le lieu d'articulation (appelé traditionnellement point d'articulation), c'est-à-dire d'une part, la forme du résonateur engendrée par le déplacement de la langue et d'autre part, l'endroit où le passage de l'air est le plus étroit à la suite du rapprochement des organes arti-culateurs[23].

1.1.2. Phénomènes physiques

Entendre un son c'est en fait recevoir les oscillations d'un élément qui vibre, oscillations qui se propagent. Dans le cas de la parole, les cordes vocales en mouvement produisent une onde sonore captée par l'oreille. Le son sera défini à partir de sa **durée**, de son **intensité**, de sa **fréquence** et de son **timbre**.

Le premier critère détermine la **longueur** du son et se calcule en *centisecondes*, le second critère détermine le niveau d'**amplitude** sonore et se calcule en *décibels*.

La hauteur du son dépend de la fréquence de vibration des cordes vocales : plus la **fréquence** est rapide plus le son est perçu comme *aigu* et inversement. La fréquence indique le *nombre* de *cycles par secondes*, c'est-à-dire le nombre de mouvements de va-et-vient complet et se mesure en *hertz*. Le **timbre** d'un son dépend de la qualité de l'onde sonore en termes de *régularité* et de *complexité*. Un son comprend plusieurs éléments qui seront appelés « fondamental » et « har-moniques ». C'est le fondamental (le plus grave et le plus intense des harmo-niques) qui permet de reconnaître la hauteur d'un son. Les variations du fonda-mental constituent la ligne mélodique de la parole. Pour reprendre une métapho-re musicale qui permet de bien faire comprendre le phénomène, on dira que le *son fondamental* permet de reconnaître la *note jouée* et les *harmoniques* les *instru-ments* qui la jouent[24].

Parler de **hauteur**, c'est envisager également les sons sous leur aspect acous-tique : on répartira les phonèmes vocaliques et consonantiques selon leur **acuité**, certains sont plus aigus que d'autres. De la même manière, les hommes ont une voix plus grave que celle des femmes : en règle générale, la voix masculine varie de 80 à 120 hz, la voix féminine peut aller de 160 à 240 hz.

1.1.3. Audition et perception

Il est nécessaire de faire la distinction entre l'audition, *capacité physique* de l'oreille à entendre et la perception qui est une *interprétation de la réalité physique*

---

23. Des figures illustrant ce point se trouvent dans l'ouvrage de P. LEON, op. cit. p. 60 et 61.

24. Cette métaphore est empruntée à Liliane Rodriguez qui a produit un ouvrage de phonétique corrective très inté-ressant, destiné aux anglophones : Liliane RODRIGUEZ (1991) *Parole et Musique*, Éditions des Plaines, Manitoba, Canada.

par intervention de l'activité mentale dans le processus auditif. La plupart des pho-néticiens sont confrontés à ce problème lors de tests de perception où les sujets réinventent la réalité physique. On peut dire que les stratégies de perception de la prosodie sont encore mal connues[25]. Ce que l'on peut voir de façon objective sur des tracés en analyse instrumentale est souvent très éloignée de ce qui est perçu par des informateurs. Il est à remarquer, à ce sujet, que les travaux de phonétique expérimentale, d'une manière générale, ne font pas suffisamment cas de ces phé-nomènes ou plus exactement ne s'y attardent pas suffisamment.

L'oreille opère des sélections. En ce qui concerne la perception de la hauteur des sons, elle ne retient que les fréquences des voyelles et dans ces fréquences elle ne prend en considération que le fondamental c'est-à-dire la vibration la plus grave des cordes vocales. La *perception du fondamental* est capitale pour la com-préhension de la parole puisque ce sont ses variations qui donnent la *mélodie* du discours et permettent ainsi de structurer la parole.

En ce qui concerne la **durée**, on sait que l'oreille a tendance à surestimer la durée des sons brefs et à sous-estimer celle des longs.

Par ailleurs, les facteurs d'intensité et de hauteur se conjuguent dans la per-ception des sons et déterminent ainsi des seuils de perception au-delà et en-deça desquels on peut ou on ne peut pas entendre un son. L'oreille peut entendre des sons dont les fréquences sont comprises entre 16 et 16000 hz mais il faut savoir qu'à partir de l'âge de 10 ans la sensibilité auditive diminue et la zone de perception normale se situe alors entre 60 et 10000 Hz.

On en terminera avec ce chapitre technique en rappelant que dans la chaîne sonore ce sont les consonnes qui assurent la compréhension du contenu de l'énon-cé par la structuration sonore qu'elles engendrent alors que les voyelles assurent un certain niveau sonore d'audibilité. On parlera alors de « *structurabilité conso-nantique* » assurant le sens de l'énoncé et d'« *audibilité vocalique* ». On explique ce phénomène par le fait que les voyelles ont moins de traits distinctifs entre elles que les consonnes. La structuration plus complexe des consonnes en termes de point d'articulation permet à l'auditeur de les localiser plus facilement et plus spécifiquement. L'articulation plus ouverte des voyelles en revanche permet de les rendre plus sonores.

1. 2. Phonologie et orthoépie

Après avoir analysé de façon succinte la nature physiologique du son et de l'appareil phonatoire, intéressons-nous au système phonique français afin de déga-ger ce qui détermine ses règles et modes de prononciation dans une perspective d'enseignement/apprentissage.

L'invention de l'écriture a permis de mettre au point une représentation gra-phique. Celle-ci s'illustre, d'une part à travers un alphabet et des règles orthogra-phiques, et d'autre part, pour représenter symboliquement les différents sons de la

---

25. On pourra consulter à ce sujet : D.C. GIOVANNONI (1990), « Contribution à une bibliographie sur les problèmes d'écoute et de perception du langage », in *Recherches sur le français parlé*, n°10, pp39-50.

langue, à travers un **alphabet phonétique** permettant une transcription phonétique ou plutôt **phonologique** lorsqu'elle se soucie de représenter le phonème dans sa fonctionnalité.

Les langues ont un nombre variable de phonèmes ne dépassant pas 80 et se situant en général entre 30 et 50. Le français comporte **36 phonèmes** répartis en 16 phonèmes vocaliques, 17 phonèmes consonantiques et 3 phonèmes appelés semi-consonnes (ou semi-voyelles).

Si pour un natif il est aisé de savoir comment prononcer tel ou tel son, mot, groupe de mots etc., il est en revanche très difficile en langue étrangère d'intérioriser les règles de prononciation comme il est malaisé de comprendre tel ou tel fonctionnement grammatical.

Quels sont ces éléments et comment les reproduire ? Voilà la problématique fondamentale de l'enseignement/apprentissage du système phonique d'une langue. Comment reconnaître puis reproduire les différents sons lorsque je les entends, lorsque je les vois écrits, autant de questions qui peuvent paraître insurmontables à tout apprenant débutant en langue étrangère. Dans un premier temps, il apparaît nécessaire de présenter un **système phonique** comme **figé** possédant des règles orthoépiques rigides ne rendant pas réellement compte des variations qu'elles soient d'ordre situationnel, individuel, dialectal, régional, etc.

Il sera alors nécessaire d'établir un classement des différents phonèmes selon la **catégorie phonologique** à laquelle ils appartiennent, selon le *lieu d'articulation*, leur *caractéristique articulatoire*, et en dehors de tout contexte, afin d'éviter les inévitables assimilations, neutralisations ou autres phénomènes dûs à l'environnement, et ce dans une perspective de comparaison des traits distinctifs des phonèmes d'une langue à l'autre. Il faut permettre une vision globale de l'ensemble des phonèmes d'une langue afin de pointer les manques phonématiques (par exemple si je confronte le système vocalique de l'espagnol à celui du français, je prends très vite conscience des lacunes du premier, 5 phonèmes vocaliques au lieu de 16).

1.2.1. Système phonique et notion d'interférence

En terme d'enseignement/apprentissage d'un système phonique, il est important de pouvoir établir des comparaisons pour prévenir les difficultés dans l'apprentissage. On a longtemps fait appel à la **théorie de l'interférence** et on continue toujours à le faire pour expliquer les impossiblités à produire certains sons. Cette théorie part du fait que le *crible auditif* d'un individu se stabilisant autour de l'âge de dix ans, il lui devient par la suite extrêmement difficile d'entendre et donc de reproduire certains sons, ceux notamment qui n'existent pas dans sa langue. De ce fait, l'individu va *transférer en L2* les *caractéristiques de L1*, on parlera alors de *transfert négatif* ou d'interférence lorsque l'apprenant va se servir en L2 d'un élément de L1 qu'il croit identique alors que celui-ci est différent. On parlera d'interférence par exemple, lorsqu'un apprenant ne possédant pas le son /y/ dans sa langue, prononcera /u/ à la place de /y/, il lui substitue tout naturellement le son qui lui paraît identique, celui qu'il a cru entendre. Bien évidemment, cela suppose que les deux sons, pour être assimilés, ont des caractéristiques communes, au plan acoustique et/ou articulatoire.

On est en droit de se poser la question de savoir si au plan du système phonologique la théorie doit être remise partiellement en question ou aménagée comme c'est le cas pour l'acquisition des structures grammaticales de la langue. Cette théorie fonctionne dans le cas d'apprenants débutants mis en contact avec la langue pour la première fois, mais très vite on s'aperçoit qu'elle ne peut tout expliquer lorsque l'apprenant se trouve engagé dans un processus d'apprentissage. La dynamique qui s'est alors installée démontre l'existence de processus cognitifs qui vont permettre à l'apprenant de jouer à la fois sur la **formation d'hypothèses**, sur les **connaissances préalables** et sur les **transferts** de sa propre langue, autant d'éléments qui rentrent dans le processus d'apprentissage et le rendent très complexe aux yeux de tous ceux qui cherchent à le décrire et à le comprendre.

Les cognitivistes s'intéressant au domaine de la cybernétique nous proposent des théories sur le traitement de l'information par le cerveau qui doivent nous guider dans notre réflexion sur l'enseignement/apprentissage d'une langue étrangère [26].

Le système que l'élève se construit est en perpétuel changement et l'enseignant doit savoir à tout moment à quelle étape se situe l'élève dans l'acquisition du système phonique. Pour ce faire, une **connaissance** aussi parfaite que possible des **caractéristiques** du **système phonique français** doit permettre à l'enseignant de discerner très rapidement les *manques* soit en termes d'*articulation* soit en termes de discrimination *acoustique*, par exemple, de savoir, en un mot, à quel stade d'appropriation l'apprenant se situe. Tout est une question de **diagnostic**, l'enseignant doit savoir caractériser une difficulté de prononciation pour pouvoir lui apporter le remède adéquat.

En fait, il est nécessaire de rassembler dans une optique fonctionnelle la description du système phonique et ce qui relève de l'orthoépie, c'est-à-dire les règles de prononciation, indispensable pour l'apprentissage d'un phonétisme nouveau. Autant en langue maternelle, il est naturel de prononcer tel son dans tel mot, autant en langue étrangère cela relève de la connaissance et d'un apprentissage de type réflexif.

1.2.2. Système phonique et notion de contextes facilitants

Ce qui va suivre dans ce paragraphe s'inspire des travaux de Monique Callamand qui a beaucoup contribué à développer la didactique dans ce domaine en élaborant un véritable outil méthodologique[27], la voie ayant été ouverte par des phonéticiens s'intéressant à l'enseignement tels Pierre et Monique Léon et Raymond Renard[28]. Dans l'analyse du système, il est nécessaire de distinguer ce qui est de l'ordre du fonctionnel de ce qui appartient à la seule description, ou plutôt d'extraire de la description ce qui peut être opératoire. La description d'un système, par nature, se doit

26. Sur ce sujet, on lira avec intérêt les ouvrages de :
D. GAONAC'H (1988) « Psychologie et didactique des langues : perspectives de recherche en psychologie du langage », *Études de Linguistique Appliquée 72*.
B. McLAUGHLIN (1987) *Théories of Second-Language Learning*, London, Edward Arnold.
H. TROCME-FABRE (1987) *Je pense donc je suis*, Les Éditions d'Organisation.
27. M. CALLAMAND (1981) *Méthodologie de l'enseignement de la prononciation*, Coll. Didactique des langues étrangères, Clé International.
28. P. LEON et M. LEON (1964) *Introduction à la Phonétique corrective*, Hachette-Larousse.
R. RENARD (1971) *Introduction à la méthode verbo-tonale de correction phonétique*, Paris Didier.

d'être la plus fidèle possible jusque dans les moindres détails, mais une description qui va servir des objectifs pédagogiques se doit de proposer un modèle de classement plus généralisant, qui mettra en valeur les ressemblances et atténuera les différences. À partir d'un cadre préétabli prenant en compte les **traits fondamentaux** du **système français** les phonèmes pourront être regroupés selon les traits qui les caractérisent. Trois traits seulement sont nécessaires pour établir ce classement fonctionnel, ce sont respectivement les traits d'**acuité**, de **tension** et de **labialité**. Ce modèle de classement peut présenter certaines faiblesses au plan de la stricte description phonétique parce qu'il gomme certains détails mais il a l'énorme avantage de fournir un *outil pédagogique* de la plus grande efficacité pour les enseignants comme pour les apprenants.

Un exemple illustre parfaitement ce qui vient d'être dit c'est la notion de **contextes facilitants**, notion introduite par la méthode verbo-tonale et largement exploitée par Monique Callamand dans ses ouvrages. La notion de contexte facilitant s'appuie d'une part sur le classement des phonèmes en fonction de leurs traits communs acoustique et articulatoire et, d'autre part, sur la constatations que les phonèmes, n'étant pas articulés de façon autonome dans la chaîne parlée, l'entourage immédiat va les influencer. Les phonéticiens parleront alors, pour décrire ces phénomènes, d'assimilation consonantique ou d'harmonisation vocalique etc., autant de phénomènes qui mettent en évidence l'*influence du contexte* sur la production et qui peuvent altérer dans certains cas la qualité acoustique des phonèmes. Les didacticiens vont utiliser ce phénomène à des fins pédagogiques donc fonctionnelles. Puisque l'entourage a une influence sur la production d'un phonème, utilisons-le pour aider l'élève dans sa production de phonèmes inconnus et donc difficiles pour lui et ce, dans les premiers temps de l'apprentissage.

1.2.3. Système phonique et capacité à l'observation

De la même manière, il nous paraît important de développer la capacité chez les formateurs à déduire de certains comportements articulatoires et perceptifs les manques d'un système phonique en l'absence de toute autre information sur la langue.

Aucun d'entre nous n'a la prétention d'être *polyglotte* et lorsque l'on se trouve face à des apprenants d'origines linguistiques diverses, il est indispensable de pallier notre ignorance en matière phonétique. C'est pourquoi une connaissance aussi complète que possible sur les caractéristiques du système français est un moindre mal et doit donner aux enseignants l'assurance qui leur manque. Cependant nous ne prétendons pas faire des enseignants de français langue étrangère des phonéticiens, aussi l'outil dont nous avons parlé au paragraphe précédent est-il un outil de compétence minimale mais suffisante pour appréhender le problème de la prononciation et plus généralement celui de l'oral.

Les trois traits dont nous avons fait mention, sont des traits qui sont directement opératoires auprès des élèves. De ce fait, les enseignants doivent posséder la *capacité d'observation et d'interprétation* des *attitudes corporelles globales* et pas seulement articulatoires et perceptives. Il y a, en effet, des attitudes qui renseignent presqu'autant que des connaissances théoriques ou plutôt qui sont tout aussi utiles dans un premier temps pour classer, au plan phonétique, tel ou tel apprenant.

1.2.4. Caractéristiques du système phonique français

C'est peut-être à travers et par rapport à ce que l'on pourrait appeler les caractéristiques du phonétisme français qu'il faudra prendre position et régler le « la » de la prononciation. Le français se caractérise tout d'abord par une **tension** relativement importante ; cette tension est produite de façon **croissante** (en crescendo) et s'accompagne d'une **tenue** de cette tension. Par ailleurs, on désigne le système phonique français comme plutôt **ouvert** que fermé, plutôt **antérieur** que postérieur. Loin de nous l'idée de vouloir réduire ou simplifier la description du système mais dans le cas qui nous occupe, à savoir situer le système français par rapport à d'autres, il est important dans un premier temps d'en repérer les grandes caractéristiques pour en imprégner les formateurs comme les formés. C'est tout simplement en reprenant tout ce qui est soigneusement décrit sur les traits articulatoires distinctifs du système que l'on peut retrouver des constantes et ainsi définir dans une visée pragmatique et fonctionnelle ce qui est pertinent pour la caractérisation : **force articulatoire, tension musculaire, antériorité, projection, anticipation** et **ouverture** sont les termes qui vont déterminer la *nature d'un phonétisme* et induire une *attitude corporelle et gestuelle* particulière.

Quelle que soit la personnalité de l'individu, celui-ci appartient à une communauté linguistique et cette appartenance est repérable dans toute individualité à travers des traits phonétiques spécifiques. Il nous semble donc capital de faire acquérir en priorité les caractéristiques générales d'un phonétisme à travers ses spécificités avant d'entreprendre l'apprentissage des particularités de ce phonétisme ; et, dans la plus ou moins grande adaptation et appropriation des spécificités, un travail de comparaison et de confrontation des deux systèmes en présence se met en place. C'est à travers les difficultés d'apprentissage que l'on fait apparaître les différences entre les deux systèmes et c'est ce qui déterminera le travail à effectuer.

1.2.5. La notion de modèle

Ce qui nous a servi pour déterminer la notion de contexte facilitant va nous permettre d'évoquer un autre problème : celui du *modèle* et de l'adéquation de ce modèle aux *variations phonologiques* produites, en un mot de la reconnaissance des phonèmes dans leur intégrité acoustique, si l'on peut dire. En effet, les phénomènes d'altération décrits par les phonéticiens nous renvoient à une autre difficulté : celle de la reconnaissance et de la production des phonèmes. Quelle position adopter, quelle limite imposer ?

1.2.6. La notion de variante et de norme

N'oublions pas qu'il existe un *seuil de tolérance* des variations acoustiques au delà duquel la production n'est plus acceptée. Pour les locuteurs d'une même communauté linguistique les *variations*, qu'elles soient dialectales, sociales ou phonostylistiques, traduisant émotions ou attitudes, sont intégrées et font partie du *système phonologique de la langue*. Le problème se pose bien entendu dans l'enseignement/apprentissage de cette langue comme langue étrangère : faut-il ou ne faut-il pas intégrer la notion de variante au risque de perturber l'apprenant, de ne pas lui permettre dans les premiers temps de se constituer des points de repère ? Sur quelle *norme* doit-on s'appuyer pour faire acquérir un nouveau système phonologique ?

Il est bien évident que la norme nous est indispensable : comment envisager de laisser les élèves faire leur marché au rayon des phonèmes sans leur indiquer ce qu'il faut acheter c'est-à-dire en oubliant de leur donner le mode d'emploi !

Partons du système phonologique de la langue pour laquelle nous travaillerons en émission et en réception tout en faisant de rapides incursions vers la norme et les usages pour ne pas donner l'impression d'un système figé puisque, de l'avis de tous les spécialistes, notre système est en *constante évolution*.

Il est évidemment moins important de procéder à la description de la norme qu'à la **reconnaissance** des **variations** par rapport à un système donné. La question est posée de savoir s'il y a lieu de parler et de proposer une norme ? Ne devrait-on pas, dans une perspective didactique, passer directement de l'appropriation d'un système à la confrontation de ce système aux **usages** qui en sont faits par les locuteurs francophones ? Cette vision nous rapprocherait plus de la voie ouverte par Labov qui ne cherchait pas la description d'un objet phonétique mais qui utilisait les *variations des données orales* comme *outil d'analyse*, comme critère distinctif d'appartenance à une catégorie sociale[29]. Pour des apprenants, n'est-il pas plus important de remarquer puis de situer une origine dialectale ou sociale, de faire la distinction qui s'impose, d'être en mesure de développer cette part de la compétence de communication appelée composante sociolinguistique ? Cela implique bien évidemment que l'on distingue dans les objectifs d'enseignement/apprentissage ce qui fait partie de la compétence de l'auditeur de ce qui revient à la compétence du locuteur.

1.2.7. Quelques exemples

Il est vrai cependant qu'il est difficile de faire abstraction totalement de la norme, c'est-à-dire de la réalisation du système dans la parole, mais peut-être doit-on en limiter, dans une perspective didactique, son utilisation dans l'enseignement/apprentissage.

Nous allons prendre des exemples concrets pour expliciter nos propos. Dans le cas très spécifique de la réalisation du « e » muet /ə/, les *règles de fonctionnement* au plan du système indiquent que le maintien ou la suppression de ce phonème dépend du contexte consonantique qui précède, un phonème consonantique permettant de le supprimer, deux ne le permettant pas. De cette règle relativement simple découle **une norme**, qui de descriptive peut devenir prescriptive dans le cas de plusieurs « e » muet qui se suivent : je l(e), je n(e), j(e) te, je m(e) qui peuvent devenir dans ce que l'on pourra appeler un **usage** que certains jugeront populaire : j (e) me, j (e) ne etc. Les usages qui rendent compte de variations encore plus larges peuvent soit être d'ordre phonématique, comme par exemple le « e » muet supprimé ou ajouté là où ne le prévoit pas la norme, soit aussi concerner certains

---

29. LABOV W. (1972), *Sociolinguistique*, traduction française, Paris, Minuit.

timbres vocaliques comme dans : le cas du « a » prononcé « ae » selon un accent qualifié de « parigot » ou dans le cas du « o » ouvert /ɔ/ prononcé « oe » (joeli pour joli), exemples qui peuvent être des indices d'appartenance à une classe sociale.

1.2.8. Phénomènes de neutralisation

A l'inverse, un phénomène d'importance est celui des **neutralisations** ou des **réductions** dans les oppositions phonologiques du système. Au nom de la norme, on présente un système et les usages que l'on en fait réduisent ou neutralisent des oppositions : c'est le cas pour le « a » où il n'existe plus qu'une seule occurrence ou pour le « oe » nasal /œ̃/ réduit à « e » nasal /ɛ̃/.

Doit-on enseigner uniquement la **norme** quitte à ignorer les **usages** ou au contraire doit-on privilégier les usages aux dépens de la norme ? Il y a là, on le voit, un choix à faire dans la sélection des contenus. Ce phénomène est d'autant plus important qu'il existe des variantes régionales. On prendra comme exemple le plus frappant celui des méridionaux qui neutralisent l'opposition phonologique des voyelles à double timbre ; le « o » par exemple sera toujours prononcé « o » ouvert /ɔ/ s'il se trouve en syllabe fermée, généralisant par là même la loi de distribution complémentaire (voyelle ouverte en syllabe fermée et voyelle fermée en syllabe ouverte) quels que soient l'étymologie et les cas particuliers.

Tous les changements qui affectent le français sont très minutieusement décrits dans plusieurs ouvrages et articles, et ce depuis plusieurs années déjà. I. Fónagy en propose une synthèse remarquable dans un article de la Revue Romane, il passe en revue toutes les transformations qui se produisent en analysant le processus de changement à partir du spectre acoustique : neutralisation de l'opposition des voyelles nasales « on » vs « an » /ɔ̃/ vs /ɑ̃/ et « in » vs « an » /ɛ̃/ vs /ɑ̃/, mouillure des consonnes (« t » devenant « t' »), apparition du « e » muet plus souvent que nécessaire soit à la fin des mots ou même à l'intérieur, mobilité de l'accent. Il résume le phénomène par ces mots :

> « Le linguiste sait également que le changement phonétique, comme les changements linguistiques en général, prennent la forme d'une lutte de variantes contradictoires, de divers écarts par rapport à la norme. Ceci revient à dire que les fluctuations, les contradictions qui caractérisent les faits de la parole à un moment donné, doivent être considérés comme une projection d'un changement en cours. Cette conception des changements, qui est diamétralement opposée à celle des linguistes néogrammairiens, nous permet de détecter à temps le début du changement, et de mettre en évidence ses aspects dynamiques. »[30]

La difficulté à laquelle se trouve confronté l'enseignant est d'être capable, de permettre à l'apprenant de se construire un système à partir de la norme et des usages en vigueur dans la parole spontanée. A l'apprenant de retrouver l'**invariant** dans la jungle des variations phonologiques qui lui sont quotidiennement proposées. C'est ainsi que doit et peut se faire l'**appropriation d'un système** par **approximations** et **tâtonnements successifs**. Un autre écueil concerne le principe de prudence méthodologique comme le rappelle Louis Porcher :

---

30. I. FONAGY (1989) « Le français change de visage ? » in *Revue Romane* 24/2 pp.225-251.

« L'enseignant de langue étrangère doit être conscient du fait que, dès qu'il donne un modèle de prononciation il distribue aussi, même s'il ne le veut pas, un modèle d'identité sociale (d'habitus phonétique, dirait-on de manière plus opératoire). »[31]

1.2.9. Vers une évolution

Cependant, on peut s'appuyer sur les traits généraux du vocalisme français pour définir les grandes tendances d'une certaine évolution, c'est-à-dire ce qui va devenir un trait articulatoire général, indépendamment de l'appartenance à telle ou telle couche sociale.

Il existe des travaux d'importance portant sur l'analyse et la description des traits phonostylistiques propres à une catégorie sociale ou à un milieu régional, travaux que l'on doit à Fernand Carton, Pierre Léon, Ivan Fónagy et Mario Rossi[32].

Néanmoins il nous paraît moins de mise, ici, dans une perspective d'enseignement/apprentissage, de traiter ce sujet que de mentionner les évolutions que l'on croit voir se profiler à partir des caractéristiques du phonétisme français, car c'est par rapport à ces traits généraux du vocalisme que le système peut évoluer.

En fait, le français se caractérise par l'**antériorité**, la **labialité**, la **nasalité** et la **tension musculaire**. S'il y a changement ce sera par rapport à ces traits qu'il se produira. La tendance à la neutralisation des oppositions phonologiques des voyelles à double timbre en est une illustration, bien qu'on ne puisse pas encore, faute d'étude statistique précise, indiquer si la tendance ira dans le sens de l'*ouverture* et de l'*antériorisation* ou au contraire dans le sens de la *fermeture* et de la *postériorisation*. L'instabilité est telle pour le moment qu'il est impossible d'aller plus avant dans les pronostics, le seul élément sûr est la disparition à plus ou moins long terme de l'opposition. Nous concluerons cette partie en citant les propos d'Ivan Fónagy :

« L'apparition, l'évolution et l'issue d'un phénomène phonétique nouveau sont déterminés par des facteurs multiples et assez mal connus : structure du système linguistique, velléités psychologiques, conscientes et inconscientes, jeu des forces sociales. »[33]

1.3. Prosodie de la langue

Ou l'organisation de la substance sonore par delà l'aspect purement segmental.

Avant d'envisager les problèmes d'ordre didactique qui peuvent se poser, une brève énumération des facteurs acoustiques qui définissent la matière prosodique

31. L. PORCHER (1987) « Simples propos d'un usager », in *Études de Linguistique Appliquée, n°66*, Didier-Erudition, p.135.
32. F. CARTON et alii (1983) *Les Accents des Français*, Paris, Hachette.
I. FONAGY (1983) op. cit.
P. LEON (1993) *Traité de phonostylistique*, Paris, Nathan-Université.
33. I. FONAGY (1989) op. cit. p.249.

s'impose ici, ainsi que l'étude de leur utilisation dans la parole ; c'est ainsi que nous définirons les procédés ou phénomènes prosodiques utilisés par un locuteur en situation de communication, déterminant par là-même ce que nous appellerons **stratégie prosodique**.

Le terme de **prosodie** est ambigu : à l'origine, par son étymologie, du grec *prosodia*, il désigne l'accent, la quantité dans la prononciation ; le terme recouvre les caractères quantitatifs (durée) et mélodiques des sons en tant qu'ils interviennent dans la poésie, la prosodie est la base de la métrique.

Les phonéticiens utilisent ce terme pour désigner la **structuration supra-segmentale** de la substance sonore qui peut se décomposer en un certain nombre de **facteurs** appelés **paramètres acoustiques**.

Lorsque le langage s'articule et propose des suites de sons, il lui devient indispensable de s'organiser *linéairement* sur l'axe du temps mais aussi *spatialement* en prenant un certain volume, une place particulière et en s'appropriant un espace sonore déterminé. C'est ainsi que l'on parlera de *durée*, de *hauteur* et d'*intensité* pour analyser chaque segment de cette chaîne sonore ainsi formée.

1.3.1. Mélodie et intonation

Toute chaîne parlée est constituée de plusieurs segments dont chacun se trouve placé à une certaine **hauteur** de l'espace sonore, hauteur qui est étroitement liée à la vibration des cordes vocales.

Chaque segment entretient un rapport de *dépendance* et de *hiérarchie* avec ce qui l'entoure. Il entre dans une *courbe* ou une *ligne* particulière soulignant ainsi le lien étroit qui existe entre les segments d'une même séquence.

Les figures ainsi produites par la position des segments dépendent du contenu, de la signification des éléments et on associe alors le terme de **mélodie** à celui d'**intonation**. Dans la majorité des cas ces deux mots sont employés de façon synonymique alors qu'ils désignent l'un et l'autre deux réalités différentes et renvoient à deux notions distinctes.

Parler de **mélodie**, c'est tenter d'abstraire de la substance sonore un **tracé**, une **ligne significative**. Celle-ci, dans la mesure où elle actualise un énoncé et propose une structuration en fonction du contenu, devient alors une **réalisation intonative**, attribuant à ce tracé mélodique une fonction au plan linguistique, c'est-à-dire une signification au plan sémantique.

L'analyse d'un énoncé sera alors fait sur deux plans : le plan mélodique où il s'agira de décrire les *mouvements* de la ligne mélodique et le **plan intonatif** où il s'agira de présenter ce même schéma mélodique selon la *fonction linguistique* que l'intonation lui confère. Il est bien évident que ce n'est que dans l'interaction des deux plans qu'un énoncé existe et trouve sa place dans la communication.

À partir de maintenant et pour la clarté de l'analyse, nous utiliserons le terme de *schéma* ou de *patron* pour nous référer à la mélodie et le terme de *réalisation* pour renvoyer au domaine de l'intonation.

1.3.2. Courbes et niveaux mélodiques

Il est alors indispensable de donner des repères mélodiques en termes de contours et de niveaux qui permettront de situer les limites de l'acceptable et du possible au plan didactique.

C'est dans ce but que certains phonéticiens ont tenté de formaliser les réalisations intonatives. A partir d'un modèle établi par Kenneth Pike pour l'anglais (1945), on représente l'intonation du français selon un **système de 4 niveaux**, niveaux établis schématiquement à égale distance les uns des autres pour des raisons pédagogiques.

Le **niveau 1** correspond au point le plus bas, point où se termine en général la courbe mélodique correspondant à la notion de *finalité*, c'est-à-dire d'achèvement d'un énoncé.

Le **niveau 2** correspond au fondamental usuel, au niveau moyen de la voix, c'est entre autre et en général à ce niveau que l'on situe le *point de départ* d'un énoncé.

Le **niveau 3** et le **niveau 4** correspondent au niveau de montée mélodique possible dans le cas d'une séquence de *continuité* c'est-à-dire suivie par une autre séquence ; on parlera de *continuité mineure* et de *continuité majeure* selon le degré de dépendance des séquences entre elles et la hiérarchisation qui en découle. Le **niveau 4** est aussi le niveau auquel aboutit *la fin* de la courbe mélodique d'une *question totale*.

Il faut bien comprendre que cette schématisation a pour objectif de donner des points de repères pour proposer ensuite une description des différentes réalisations intonatives du français et éventuellement de s'en servir comme outil pédagogique.

En ce qui concerne l'intonation, de nombreux linguistes ont tenté de proposer une grammaire, c'est-à-dire qu'ils se sont efforcés de proposer un inventaire d'intonèmes (ou de patrons mélodiques) limités qui pourraient par commutation et permutation rendre compte des multiples variantes de la langue ; mais jusqu'à présent les tentatives, pour intéressantes qu'elles soient, n'ont pas abouti à un modèle suffisamment complet pour rendre compte de l'ensemble du système de l'intonation en français[34].

Sur une mélodie-type, il peut y avoir des réalisations intonatives multiples. Trop de paramètres entrent en jeu, paramètres dont nous ne maîtrisons pas toujours les données, pour pouvoir avec certitude élaborer un système de règles.

Comme le souligne Élisabeth Lhote, les phonéticiens ont acquis une grande maîtrise dans la description des intonations de phrase, ils « ont beaucoup contribué à définir les fonctions et caractéristiques acoustiques de l'intonation », mais cela concerne uniquement les phrases de laboratoire, il en est tout autrement avec le discours spontané,

> « parce que la communication naturelle n'est pas faite de phrases *normalisées* et que chaque locuteur imprime sa trace en personnalisant toujours le mouvement intonatif de toute phrase qu'il prononce »[35].

---

34. Pour le français, on citera notamment les travaux de Pierre Delattre, Georges Faure, Albert Di Cristo, Ivan Fonagy, Pierre et Monique Léon, Philippe Martin, Michel Martins-Baltar et Mario Rossi.

35. Elisabeth LHOTE et Nuzha ABUBAKR (1992), « L'intonation un marqueur discursif méconnu » *4ᵉ Rencontres régionales de Linguistique*, Bâle, sept.1992

C'est cela qui donne tant d'attrait à l'oral lorsqu'il est envisagé sous l'angle de la variété intonative. Le code oral fascine parce qu'il possède de multiples facettes : toujours différent et à chaque fois semblable. C'est sa diversité qui en fait la richesse et cette diversité se retrouve dans les multiples combinaisons possibles de tous les éléments prosodiques mis à la disposition du locuteur. Ce que l'on peut affirmer c'est que l'on est capable souvent de dire ce qu'*il ne faut pas faire*, mais pas encore *ce qu'il faut* très exactement produire[36].

1.3.3. Cohésion de la courbe mélodique

La **cohésion** de la ligne mélodique est très importante en français, ainsi que la **direction** que doivent prendre les schémas mélodiques, **progressivement montants** ou **progressivement descendants**.

Cette manière de formaliser les contours mélodiques permet de rendre compte des traits généraux et d'éliminer les caractéristiques individuelles. Pour réductrice qu'elle soit, cette présentation a l'avantage de permettre une appropriation des **schémas mélodiques de base** du français, appropriation par *effacement* du schéma mélodique de la langue maternelle et par *substitution* de celui de la langue étrangère.

En outre, il est très important d'insister sur le mode de transition entre les segments qui forment une ligne mélodique ; ce **mode de transition** se fait « *en douceur* » pour le français et si on compare souvent la ligne mélodique de la parole à celle de la musique et du chant, il est néanmoins nécessaire de faire une différence dans le passage d'un segment à un autre, d'une note de musique à une autre, comme le notait, il y a cent ans déjà, Paul Passy :

> « Dans la parole, au contraire, la voix ne s'arrête presque jamais sur une note : elle ne passe pas non plus d'une note à l'autre ; elle glisse tout le long de l'échelle musicale, monte ou descend plus ou moins rapidement, mais toujours par degrés insensibles. »[37]

1.3.4. Un modèle intonatif

Parler de **contours** et de **niveaux** c'est donner des repères pour caractériser schématiquement les réalisations intonatives du français. Cela permettra également de travailler en comparaison avec d'autres langues et de montrer les différences et les ressemblances dans le domaine.

Bien entendu, on peut et on doit, dans une perspective didactique, proposer des **schémas mélodiques de base** tout en indiquant qu'il ne s'agit, dans ces conditions, que de donner aux enseignants un cadre de référence ; on considérera alors l'intonation dans sa fonction d'**organisation des structures morphosyntaxiques** de la langue en écartant tout ce qui relève de l'*expression de l'individu*, de ses *sentiments*, de ses *émotions*, de son *interprétation de la réalité* qui est du domaine de la *phonostylistique*.

---

36. E. GALAZZI, E. GUIMBRETIERE « Seuil d'acceptabilité des réalisations d'apprenants italophones » in *Actes du Colloque du DORIF*, Milan, septembre 1991. Dans ce travail, nous avons tenté de montrer, dans les réalisations d'apprenants italophones, quels étaient les éléments acoustiques rejetés par les informateurs français.
37. P. PASSY (1890) *Études sur les changements phonétiques*, Paris, Didot.

Dans l'optique qui est la nôtre et bien qu'il soit considéré comme traditionnel et dépassé par beaucoup de phonéticiens, le **modèle** de Pierre Delattre reste encore le modèle le plus utilisable dans une *perspective didactique*, c'est-à-dire un outil de référence servant de base à la discussion, à partir duquel chacun pourra apporter sa réflexion et ses suggestions.

Il est important tout d'abord de le considérer comme un modèle conçu dans une perspective d'enseignement/apprentissage qui n'a aucunement la prétention de proposer une description exhaustive de l'intonation de la langue française.

Le modèle proposé comporte dix intonations de base, c'est-à-dire *dix courbes mélodiques* différentes représentant *dix réalisations intonatives* spécifiques.

« De même que l'existence et le bon fonctionnement d'un phonème segmental (voyelle ou consonne) repose sur les oppositions de sens qu'il autorise aussi bien que sur les traits qui le distinguent des autres phonèmes, la valeur linguistique d'une courbe d'intonation dépend des oppositions de sens qu'elle permet, aussi bien que du degré de différence phonétique qui la distingue des autres courbes. Il nous faudra analyser ici, d'une part les oppositions significatives qui reposent sur l'intonation, de l'autre la forme des courbes d'intonation. »

Chacune de ces dix courbes renvoie à un « mode d'expression logique fondamental » et s'oppose à celles qui expriment « le labyrinthe des attitudes émotives telles que la surprise ou la joie »[38].

Les dix intonations de base sont qualifiées et désignées par les contours et niveaux de départ et d'arrivée du schéma mélodique qui les représente.

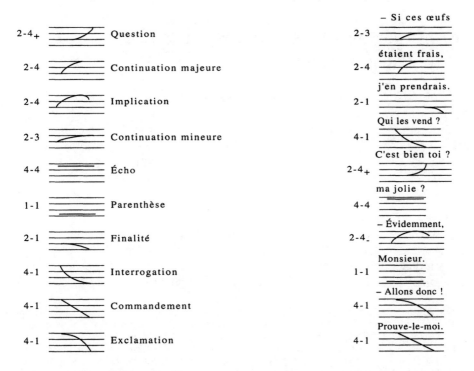

38. P. DELATTRE (1966) « Les dix intonations de base du français », *French Review*, 41/3, pp.326-339.

Ce **modèle** ne concerne que les réalisations intonatives d'**énoncés hors contexte** et ne peut rendre compte de l'intonation en parole spontanée, ce qui est regrettable admettons-le, mais il permet à l'enseignant de comparer pour lui-même certaines des réalisations intonatives d'apprenants et ainsi d'opérer certaines corrections à partir du cadre et des repères fournis[39].

Tout être humain exprime un nombre limité de concepts et de sentiments de base. L'essentiel est de pouvoir proposer une démarche pédagogique tenant compte d'une certaine progression et de dissocier, en ce qui concerne le contenu d'enseignement, ce qui relève de la **production** et ce qui appartient au domaine de la **compréhension**.

Cela ne veut pas dire cependant que les deux types de compétence ne doivent pas être en constante synergie dans le processus d'apprentissage, c'est-à-dire se relayer et être en constante interaction au plan des opérations mentales. La compétence ne se développera que plus harmonieusement si l'on propose des activités permettant à l'élève de passer d'un type de compétence à un autre.

Ainsi donc, les **activités de production** permettront surtout de travailler les *schémas mélodiques de base*, c'est-à-dire les deux types de courbes mélodiques, progressivement montante et progressivement descendante, pour réaliser les intonations les plus courantes comme l'interrogation, l'assertion etc.

Les **activités réservées à la compréhension**, quant à elles, pourront alors privilégier les *stratégies intonatives individuelles* et permettre le repérage de ce qui marque la *personnalité de l'individu*, ses *attitudes* et ses *émotions*.

1.4. Les indices acoustiques et leur rôle dans la parole

Ce titre vise à regrouper tous les phénomènes prosodiques et tente de montrer comment et pourquoi ils sont utilisés dans la parole.

Deux perspectives vont se croiser ici : d'une part, l'analyse de ce qui est produit par le locuteur et l'interprétation qui en est faite par l'auditeur et, d'autre part, les stratégies d'enseignement/apprentissage que l'on doit mettre en place pour permettre de développer les compétences de compréhension et de production.

En situation de communication orale, parole spontanée ou écrit-oralisé, chaque locuteur doit pouvoir *segmenter*, *mettre en valeur*, *hiérarchiser* une partie de son discours, *utiliser la mélodie* pour combler des manques etc., et va, pour ce faire, se servir d'un certain nombre de procédés.

Les **indices acoustiques** pour y parvenir sont : la *hauteur* de fréquence du fondamental, l'*intensité*, la *durée*, l'*arrêt* de l'émission sonore appelée pause et enfin

---

39. Il est intéressant de faire état d'une étude faite par Brian MC CARTHY intitulée « Le modèle intonatif de Delattre réactualisé » in *Bulag, n°15*, 1989. Dans sa conclusion, l'auteur montre que ce modèle n'est pas totalement dépassé en ce qui concerne l'existence des niveaux et la validité des courbes pour certaines de ces dix intonations : « Cette étude confirme l'existence de 4 zones servant à définir les intonèmes de la continuation, de la finalité, de l'interrogation et de la question. Elle démontre aussi que les courbes proposées par Delattre correspondent à celles réalisées par des locuteurs français dans des exercices de production contrôlée. En conversation spontanée, cependant, [...] ses courbes modèles sont nettement moins représentatives de la réalité parlée. » p.117.

la vitesse d'articulation dénommée *débit*. Utilisé seul ou en combinaison, chaque indice acoustique, par des variations significatives, va produire certains phénomènes repérables par l'auditeur.

Ces procédés vont prendre place dans la relation locuteur/auditeur. Le rôle attribué par ces phénomènes ne peut s'actualiser que lorsqu'il y a *concomitance* entre la *réalisation d'un indice acoustique* et *sa perception*, c'est-à-dire la rencontre entre la volonté du locuteur et la reconnaissance que l'auditeur en a.

Il me paraît intéressant de faire le parallèle ici avec ce que dit Patrick Charaudeau à propos de l'analyse d'une interview médiatique[40]. Dans cet article, il analyse les rapports qui s'établissent entre le *lieu de production* et le *lieu de réception* de cette production. Il estime nécessaire de faire la distinction entre le lieu de la « *mise en scène* » (souligné par l'auteur) du produit médiatique appelé Produit fini (PF) qui sera vu sur l'écran et le lieu de *production* appelé Production (P), c'est-à-dire tout ce qui est extérieur (institution et autres) et qui participe à la fabrication de la mise en scène. Le troisième lieu est celui de l'*instance de réception* (R) ainsi définie par l'auteur :

> « dans ce lieu se trouvent des sujets qui construisent du sens à leur manière, en fonction de leurs propres conditions d'interprétation des discours qui leur sont proposés. »[41].

Il en arrive ainsi à définir les différents procédés qui entrent en jeu dans ce dispositif énonciatif entre la « production » et la « réception » :

> « Il convient dès lors de distinguer, du point de vue de la construction du sens, les « effets visés » par l'instance de la P, les « effets possibles » que contient le PF et les « effets (effectivement) produits » chez les sujets de la R. S'il est raisonnable d'établir un certain rapport entre les « effets visés » et les « effets possibles » - encore que ceux-ci dépassent largement les intentions de ceux-là -, le rapport entre les « effets visés » et « possibles » d'un côté, et les « effets produits » de l'autre est plus problématique. Sans nier un jeu d'influence possible des premiers sur le second, il se produit souvent un rapport paradoxal entre eux. »[42]

L'analyse qui est faite, outre sa pertinence et sa justesse, me paraît pouvoir s'adapter à la **stratégie prosodique** mise en scène par un locuteur.

On pourra reprendre les termes « *d'effets possibles* » pour caractériser l'utilisation de tel ou tel indice acoustique parmi ceux qui constituent la composante prosodique d'une langue ; on parlera d' « *effets visés* » lorsque les facteurs utilisés correspondront à une volonté déterminée du locuteur et que ces effets seront actualisés dans une production orale, enfin d' « *effets produits* » lorsque cette stratégie prosodique aura été reconnue et interprétée par l'auditeur.

Il n'est pas besoin de s'appesantir sur les **conséquences méthodologiques** qu'entraînent une telle analyse ; de nouveau il sera nécessaire d'envisager, en termes de priorité et de progression (partir des effets produits pour remonter

---

40. P. CHARAUDEAU (1986) « L'interview médiatique : Qui raconte sa vie ? » in *Récits de vie et Institutions, Cahiers de Sémiotique Textuelle, 8-9*, Paris X, pp.129-137.
41. idem p.130
42. idem p.130

aux effets possibles), ce qui relèvera de la compétence de compréhension et ce que l'on sélectionnera pour développer la *compétence de production*.

Les relations possibles entre les différents indices acoustiques illustrent la complexité de l'analyse prosodique.

Tout dépend du regard et de la place que l'on occupe. Il faut bien distinguer les **indices acoustiques** et leur **fonction** au plan linguistique, c'est-à-dire le va-et-vient existant entre les *effets possibles* et *visés* et les effets produits, entre la **stratégie prosodique employée** et **l'interprétation** qui en est faite. Si l'enjeu pour la communication est d'une importance capitale en langue étrangère, elle ne l'est pas moins en langue maternelle, mais là n'est pas notre propos.

1.4.1. La stratégie prosodique d'un locuteur

Nous traiterons ici du point du vue du locuteur ou de la parole vue sous l'angle de la production, c'est-à-dire ce qui concerne les « *effets possibles* » et les « *effets visés* »

1.4.1.1. La segmentation et les effets de séquenciation dans la production orale.

Parler de **segmentation**, c'est replacer avant tout, le continuum sonore dans une vision holistique. En effet, cette chaîne sonore est une **solution de continuité**, c'est-à-dire une alternance de continu et de discontinu. A certains endroits, il se produit une démarcation, une frontière ou une limite (les appellations sont nombreuses). Quel que soit le terme utilisé, le phénomène est le résultat d'*indices acoustiques*, *repérables* et *quantifiables*, indice pouvant être la frontière elle-même c'est-à-dire l'**arrêt de l'émission sonore**, ou pouvant se situer en aval ou en amont de la frontière et affectant par des **variations paramétriques** significatives les syllabes précédente ou subséquente[43].

Lorsqu'un locuteur procède à la segmentation de ses énoncés que peut-il utiliser comme indice acoustique ? Tout d'abord et seulement un *arrêt de l'émission sonore* sans autre indice. Cependant, il est plus fréquent que cet arrêt de l'émission sonore aille de pair avec une *montée* ou une *descente mélodique*, on peut dire qu'il y a là rencontre et renforcement de deux indices acoustiques. Cette montée (ou descente) suivie d'un arrêt est un des procédés les plus évidents pour découper la parole en *unités significatives*.

De nombreuses études ont été faites sur les procédés de segmentation de la parole et plus spécifiquement sur ce que, depuis Grosjean et Deschamps, on appelle les « *variables temporelles* », les **pauses** se trouvant étudiées par rapport au *temps de locution* dans son ensemble et analysées comme *une des composantes*.

Il nous paraît nécessaire de replacer le phénomène de la segmentation dans ce

---

43. Nous renvoyons à un article (reprenant un travail de thèse) concernant les procédés de segmentation dans le discours : E. Pedoya-Guimbretière (1984) « Articulation prosodique du discours » in *Bulletin de la Société de Linguistique de Paris, Tome LXXIX, fasc.1*, pp.49-79. Dans cet article, nous proposons de considérer que la segmentation peut être représentée par deux procédés, nommés pause et rupture, qui peuvent fonctionner en distribution complémentaire dans le processus de hiérarchisation des constituants d'un énoncé.

contexte, en prenant aussi en considération certains éléments de la *variante situa-tionnelle*.

Ce terme est utilisé en référence aux travaux de Vincent Lucci, qui nous propo-se une analyse minutieuse de la variabilité linguistique dans un cadre socio-situa-tionnel.

Dans cette étude, les résultats chiffrés de certains phénomènes prosodiques, pauses, rythme et débit sont envisagés à travers un certain type de communication émise dans une situation particulière (interview, conversation, lecture, conféren-ce)[44].

Une **pause** doit tout d'abord être envisagée selon la nature de la production : soit de l'**écrit oralisé**, c'est-à-dire se rapprochant de la simple lecture de texte, soit de l'**oral spontané**, avec tout ce qu'il peut comporter de spécificité souvent décriée, comme le montrent fort bien Françoise Gadet et Francine Mazières parlant de l'oral :

> « Quoiqu'il en soit, posons une fois pour toutes que ce qui est, en général, pris péjorativement («manque », « empilement », « redondance », « inachève-ment »…) sera ici décrit comme propriété spécifique. »[45]

Nous ne chercherons pas ici à entrer dans le débat qui consiste à montrer ce qu'est réellement le caractère spontané de la parole, il y a fort à dire et il n'est pas ici de notre propos d'en débattre. Nous nous contenterons de renvoyer au point du vue développé par certains ethnolinguistes ou sociolinguistes comme nous le commente Geneviève-Dominique de Salins :

> « Goffman envisage trois types d'énoncés venant d'un locuteur donné, selon que ce locuteur, pour s'exprimer verbalement, fait appel soit à la lectu-re, soit à la mémorisation d'énoncés lus ou entendus, soit à ce que Goffman appelle la parole fraîche, que d'autres sociolinguistes préfèrent des énoncés spontanés. Un animateur radio, par exemple, fait le plus souvent usage de la lecture d'énoncés mais avec une intonation telle qu'il s'efforce de donner l'impression de la spontanéité. L'enseignant ou le conférencier comptent prin-cipalement sur leur mémoire pour étayer leur compétences et être perfor-mants. Quant à la parole fraîche, ce sont tous les énoncés formulés sans préparation préalable (faible en préprogrammation, dirait Frédéric François) ; elle se manifeste principalement dans la conversation à bâtons rompus mais elle semble être particulièrement rare dans notre société où les acteurs sont constamment soumis à l'impact médiatique ! […] La plupart de nos discours, dits de paroles fraîches, sont régulièrement ponctués de séquences mémori-sées qui nous sont devenues si familières que nous les croyons nôtres. »[46]

Faire la distinction, c'est permettre de séparer, au **plan physiologique** tout d'abord, ce qui est de l'ordre de la *pause-silence* (arrêt de l'émission sonore) et de celui de la *pause remplie* (généralement par euh, mm etc.), mais également au **plan** de l'élaboration de la parole, distinguer ce qui est de l'ordre du *délibéré* de ce qui est de l'*involontaire*, si l'on accepte d'appeler les hésitations, les bre-douillements, les lapsus, du non-délibéré.

44. V.LUCCI (1983) *Étude phonétique du français contemporain à travers la variation situationnelle*, P.U.L.L.G.

45. F. GADET, F. MAZIERES (1986) « Effets de langue orale » in *Langages n°81*, Larousse, p.61.

46. G.D. de SALINS (1988) *Une approche ethnographique de la communication*, Coll LAL, Crédif, Hatier, p.20.

Parler du volontaire, c'est rentrer dans le domaine complexe de la nature d'un phénomène en relation avec sa fonction. La **pause remplie** qui est un arrêt de la chaîne sonore mais non un arrêt de l'émission sonore puisqu'elle est sonore (euh, mm, etc.) va effectivement segmenter la parole mais contient en elle-même une *fonction sémiologique* différente de la pause silence. Souvent elle *comble un vide* dans l'expression, elle est là pour *donner du temps*, elle a une *fonction d'attente* ou de *substitution* et non une fonction de ponctuation comme la pause silence peut l'avoir. Dans un cas, la pause silence participe de la volonté du locuteur, dans l'autre la pause remplie fonctionne comme un palliatif.

Plusieurs auteurs ont tenté de classer les pauses selon les fonctions qu'on peut leur attribuer. Pierre Léon, au plan phonétique, parle de pauses respiratoires, de pauses grammaticales, de pauses d'hésitation et attribue à la pause un certain nombre d'effets au plan phonostylistique[47].

Monique Lebre-Peytard, quant à elle, propose une classification des pauses selon la fonction qu'elles occupent, au plan linguistique, dans l'interprétation des discours oraux ; les catégories proposées sont la démarcation argumentative, l'articulation discursive, la stratégie argumentative et les variations socio-situationnelles[48].

En ce qui nous concerne, l'important est moins de proposer une classification, qui est le propre de l'analyse linguistique et se conçoit fort naturellement dans cette perspective, que de replacer la **segmentation** et les procédés qui y concourent dans une **perspective** plus fonctionnelle et plus **didactique**. Et c'est vraisemblablement en mettant en perspective les effets produits et les effets possibles, c'est-à-dire d'une part en partant de la perception et de la réception d'un phénomène et d'autre part en réfléchissant sur ces possibilités d'utilisation en situation que l'on y parvient.

Il y a, tout d'abord, les **pauses** d'ordre strictement physiologique dans la mesure où elles servent à reprendre sa respiration ; elles existent quelle que soit la variante situationnelle.

Ensuite, il y a les **pauses** qui servent à segmenter la chaîne sonore pour y assurer un découpage syntaxique et/ou sémantique.

Dans les productions relevant de l'écrit-oralisé, il est relativement aisé de retrouver leur fonction. Il en est autrement dans des productions d'**oral spontané** ; celles-ci sont le résultat des variantes individuelles et des variantes socio-situationnelles. Elles peuvent avoir de multiples fonctions qui peuvent aller du *maintien de la parole*, à la *mise en valeur* ou encore à l'*actualisation d'un tempo*, tout cela n'étant que le reflet du processus **créatif** inhérent à la parole individuelle.

Pour en revenir à une perspective didactique, ce constat n'est pas pour simplifier les stratégies d'enseignement/apprentissage, car il est impossible de donner un cadre prévisible des pauses et de leur fonction. Mieux vaut s'en tenir à la perception d'ensemble que l'on peut avoir de la stratégie prosodique d'un locuteur, la pause et sa fonction n'étant qu'un procédé parmi d'autres.

Le *repérage* des pauses n'est pas en soi inutile cependant, cela correspond simplement à une *phase d'entraînement auditif* qui sera ensuite utilisée pour déve-

47. P. LEON (1992) *Phonétisme et prononciations du français*, Nathan Université, p.101-102.
48. M. LEBRE-PEYTARD (1990) *Situations d'oral*, Coll. Didactique des langues étrangères, Clé International, p.56.

lopper chez les apprenants la part d'autonomie nécessaire à l'*appréhension globale* des stratégies prosodiques des locuteurs natifs. Cela peut constituer le thème d'une activité consacrée à la discrimination auditive à partir d'extraits sonores[49].

Dans un article de synthèse extrêmement riche, Ronald Davis et Pierre Léon nous entraînent dans le domaine encore fort peu exploré de la pausologie, définie comme l'analyse du comportement des **dimensions temporelles de la parole**[50].

Ce qui est particulièrement intéressant c'est d'essayer de décrire pour les comprendre, les processus impliqués dans la production de la parole, à savoir l'interaction entre le continu et le discontinu.

Les travaux de Frieda Goldman-Eisler, pionnière dans le domaine, pour l'anglais, puis ceux plus récents de Grosjean et Deschamps, pour le français, nous ont permis d'établir et de définir les divers paramètres à prendre en compte pour analyser et comparer les comportements des locuteurs dans des situations de production orale[51].

Il est important de ne pas perdre de vue la conception holistique du langage et c'est ce à quoi nous invitent Ronald Davis et Pierre Léon dans l'article mentionné. En effet, il paraît de plus en plus difficile d'accepter la conception essentiellement linéaire du langage telle que le propose la linguistique moderne. Le point des recherches sur la pausologie implique une remise en question de la linéarité du langage en nous obligeant à découvrir les mécanismes de la production langagière. Comment ne pas être d'accord avec Marshall McLuhan lorsqu'il dit :

> « L'esprit, comme la grenouille, procède par sauts. D'une façon instantanée, il rassemble des éléments de toutes sortes en proportions variables. C'est le monde de la Grèce qui a imaginé de disposer les pensées selon un code conventionnel et linéaire »[52].

Cette vision définit la nature même du langage qui prend la forme d'une **constellation** et non d'une ligne. Cela rejoint les propositions faites par Claire Blanche-Benveniste et l'équipe du GARS pour transcrire les productions orales selon une disposition qui distingue les deux axes, syntagmatique et **paradigmatique**[53].

C'est bien ainsi qu'il faut envisager la production langagière dans la **coïncidence temporelle** (sorte de télescopage) entre l'**élaboration** et l'**expression** du langage et si les linguistes s'en tiennent à la linéarité c'est qu'ils assimilent

---

49. On trouvera dans le matériel pédagogique : *Paroles*, (Didier) des exercices réservés à ce type de repérage. Un exemple, extrait du livre du professeur p.13, exercice 1 de la partie B : Faites écouter l'annonce n°5. Demandez aux élèves de marquer les arrêts (ou silences) qu'ils entendent. Ils utiliseront une barre (/) lorsque la voix monte avant de s'arrêter et deux barres (/) lorsque la voix descend.

50. R. DAVIS, P. LEON (1989), « Pausologie et production linguistique » in *Information/Communication 10*, Toronto, pp.31-43.

51. La classification des variables temporelles que l'on doit à Grosjean et Deschamps, donne lieu à la distinction entre d'une part, les variables primaires, automatiquement requises dans la production orale, se divisant en variables simples (longueur des pauses, longueur des suites sonores et vitesse d'articulation) et en variables complexes (rapport entre temps d'articulation et temps de locution, et vitesse de parole) ; et d'autre part, les variables secondaires qui sont les phénomènes d'hésitation, les faux-départs, les pauses remplies, non requis automatiquement dans la production orale. F. GROSJEAN, A. DESCHAMPS (1972) « Analyse des variables temporelles du français spontané », *Phonetica 26*, pp.126-156.

52. M. MCLUHAN (1969), Entretien avec G.E. Stearn, in *Communication et langages, n°.2*, pp.90-91, cité par R. Davis et P. Léon, op. cit. p.31.

53. C. BLANCHE-BENVENISTE (1990), *Le français parlé*, Éditions du C.N.R.S..

dans un même concept ce qui est de l'ordre de l'élaboration et de l'expression[54]. Cette conception a des implications et des incidences de la plus haute importance pour la didactique de l'oral. Nous aurons l'occasion de revenir sur ce point dans la partie concernant les stratégies d'enseignement.

1.4.1.2. L'accentuation et le phénomène de la double accentuation en français

Utiliser le mot **accentuation** est préférable à l'utilisation du terme accent qui caractérise pour les non spécialistes un parler régional ou étranger.

Comme on vient de le voir précédemment, la notion de schémas mélodiques ne se conçoit que si elle s'accompagne de séquenciation de la chaîne sonore. Chaque *séquence* comporte un nombre plus ou moins grand d'éléments : en français *l'élément de base* de chaque séquence est la **syllabe**, composée d'un ou plusieurs phonèmes, dont le noyau ou le centre est toujours vocalique. On appellera *unité* ou *groupe rythmique* ces séquences formées, en général, de 3 à 5 syllabes dans la parole spontanée. Une *unité rythmique* comprend un certain nombre de syllabes non accentuées et se termine sur une **syllabe accentuée**.

La séquenciation dépend étroitement de la syllabe accentuée qui marque une limite, une frontière entre deux groupes rythmiques. Il est difficile de dissocier ce qui appartient à la mélodie et ce qui est de l'ordre de l'accentuation dans la mesure où après chaque syllabe accentuée on trouve une frontière de groupe qui se terminera par une montée mélodique à l'intérieur de l'énoncé ou par une descente mélodique en fin d'énoncé (sauf dans le cas de certaines modalités d'énoncés).

Pour être plus précis et pour mieux éclairer le phénomène, il convient de dégager les principales caractéristiques de l'accentuation en abordant successivement, dans les paragraphes suivants, la notion de proéminence, l'accentuation de base et la mise en valeur.

• La notion de proéminence

L'accentuation se caractérise par la *proéminence d'une syllabe*, toujours la *dernière* du *groupe rythmique*. Cette proéminence finale qui illustre le schéma accentuel français, se trouve actualisée par des paramètres divers.

Il est intéressant de savoir, à l'inverse d'autres langues et d'après les nombreuses études qui ont été faites, que dans ce domaine c'est le paramètre de la **durée** qui est le plus *révélateur de l'accentuation* en français.

Il se peut que conjointement ou séparément soit l'intensité soit la hauteur viennent renforcer la durée ; le plus souvent, elles fonctionneront comme paramètres redondants. On dit alors que la durée est la marque essentielle de l'accentuation en français, la syllabe accentuée est en moyenne deux fois plus longue que la syllabe non accentuée.

Il est important de remarquer qu'en français, l'accentuation prend un aspect particulier : on parle de proéminence mais paradoxalement ce n'est pas une

---

54. C'est bien de cela qu'il s'agit aussi lorsque F. Gadet et F. Mazières, dans la définition qu'elles donnent du code oral et dans l'analyse qu'elles préconisent, parlent de « faisceaux d'indices », de « configurations mouvantes » dans un chapitre intitulé « le volume du parlé » ; pour elles, décrire la langue orale, c'est envisager des « effets de convergence, de cumul sur le segmental », « dans les agencements de linéarité et de verticalité », même si comme elles le soulignent cela ne va pas de soi. F. GADET, F. MAZIERES (1986) op. cit. p.69-70.

proéminence en terme de hauteur qu'il faut entendre. On s'aperçoit alors qu'une notion va s'interpréter de façon différente selon la culture que l'on en a, comme l'exprime si clairement Louis Porcher :

> « Les représentations qu'une société a d'un phénomène («universel singulier ») sont toujours productrices-produites des manières linguistiques qui la caractérisent. Langue et culture se font écho, miroir, et se renforcent mutuellement. »[55]

Une notion s'interprète comme on a l'habitude de la vivre et cela est évident dans tous les domaines mais se prouve de façon éclatante dans le cas qui nous intéresse. Le principe de **proéminence** fait partie des **universels singuliers** mais il va prendre une connotation particulière dans l'accentuation de base du français, puisque selon la définition qu'on lui donne, le fait de dépasser ce qui l'entoure ne renvoie pas à la notion de hauteur ou d'intensité acoustique mais à un **allongement de la durée**.

• L'accentuation de base

C'est à François Wioland que l'on doit la définition la plus claire et la plus précise du phénomène de l'accentuation de base en français. Pour lui, l'**accent rythmique** se définit comme l'élément *moteur* et *final* d'une unité rythmique et se caractérise par une **énergie articulatoire**.

L'accent rythmique est représenté par :
- absence d'énergie acoustique, mais énergie musculaire,
- glissando vocalique,
- allongement du fait de l'énergie articulatoire.[56]

C'est ce qui différencie le français d'autres langues, notamment de l'anglais, qui associe l'intensité acoustique à la notion d'accent. Pour les anglophones, la proéminence accentuelle est synonyme d'énergie acoustique renforcée (augmentation de l'intensité et/ou de la hauteur).

Il est extrêmement important au plan didactique de comprendre le phénomène et de prévenir les difficultés de perception[57]. Pour un auditeur non averti on se rend compte tout de suite des conséquences désastreuses que cela peut avoir sur la compréhension et même simplement sur l'écoute. Le réflexe perceptif étant au départ celui de sa langue maternelle, il est bien évident que tout locuteur anglophone, pour ne prendre que lui, va faire porter son attention en début d'unité rythmique et repérer ce qui sera placé sous une intensité acoustique particulière.

En français, en revanche, c'est une attitude perceptive tout à fait différente qu'il faut avoir, puisque l'**important** est plus souvent **à la fin** qu'au début et que la **proéminence** prend généralement la forme d'un **allongement**. Comme le souligne François Wioland :

> « En français parlé, l'important est toujours à venir, ce qui explique le mode tendu qui caractérise les gestes articulatoires français. »[58]

---

55. L. PORCHER (1987) *Manières de classe*, Alliance Française-Didier, p.15.

56. F. WIOLAND (1991) *Prononcer les mots du français*, Coll F autoformation, Hachette, p.44.

57. Nous traiterons du phénomène perceptif dans sa globalité un peu plus loin en nous appuyant sur les travaux d'Elisabeth Lhote.

58. F. WIOLAND (1991) op. cit. p.41.

En outre, il explique ce que l'accentuation, en français, peut avoir de paradoxal :
> « Curieusement, bien qu'il s'agisse de la syllabe la plus importante linguis-
> tiquement, l'accent rythmique n'entraîne pas une énergie acoustique plus
> grande que celle des syllabes qui le précèdent. Cette énergie acoustique est
> même souvent plus faible que celle des syllabes précédentes. De plus, on
> n'observe pas de rupture mélodique sur la syllabe accentuée mais une varia-
> tion de la fréquence au cours de la réalisation de la voyelle, sous forme d'un
> glissando montant (continuité) ou descendant (finalité)…»[59]

Nous ajouterons, pour notre part, combien il est important d'insister, au plan méthodologique, sur cette *énergie articulatoire finale* mais aussi sur la **tenue** de cette énergie articulatoire dans la mesure où elle accompagne l'allongement sylla-bique et exprime la nature même de l'accentuation française.

L'accentuation, telle qu'elle vient d'être définie en tant que phénomène accentuel de base du français, a une **fonction démarcative**, elle va permettre de segmenter la parole en unités de sens, la syllabe portant l'accentuation de base du groupe se trouvant être la même que celle qui vient d'être définie précédemment dans la segmentation des groupes rythmiques.

• La mise en valeur définie comme une accentuation de type expressif doit être différenciée des schémas accentuels de base, typiques du français. Cette **mise en valeur** peut affecter un élément du groupe rythmique ou plusieurs. Elle est réalisée par une *proéminence acoustique* et se produit en règle générale par une *élévation du niveau sonore*, c'est-à-dire par une montée relativement brusque de l'*intensité*.

Mais cet indice n'est pas le seul à effectuer cette mise en valeur. L'intensité peut être aidée dans son rôle par une élévation de la hauteur et/ou par un allongement de la consonne ou encore par un coup de glotte.

L'élément affecté par cette mise en valeur est souvent la première ou la deuxiè-me syllabe d'un mot et peut également se porter sur des mots grammaticaux.

Les qualificatifs pour désigner ce type de mise en valeur ne manquent pas : très longtemps il a été désigné comme accent d'insistance (Fouché, Delattre, Léon) ou comme accent barytonique (Fónagy) ou comme accent didactique (Lucci) ou encore comme accent énonciatif (Rossi).

Il est important de bien déterminer ce qui différencie cette **accentuation** de **type expressif** de l'**accentuation de base**. Tout d'abord, cette accentuation n'a pas de fonction démarcative comme dans le cas de l'accentuation de base. Ensui-te, nous emprunterons à Piet Mertens les critères distributionnels permettant de fonder la distinction :
> « L'accent final accepte les tons dynamiques (le ton montant et le ton des-
> cendant), la syllabe peut être allongée et suivie d'une pause. Cela n'est pas
> le cas de l'accent d'insistance. L'allongement de la syllabe im- [dans le mot
> impossible] ou l'insertion d'une pause après celle-ci sont exclus ; en
> revanche, l'insertion d'une pause devant l'accent d'insistance ne pose aucun
> problème alors qu'elle serait ressentie comme un raté si elle se trouvait
> devant l'accent final. »[60]

59. F. WIOLAND (1991) op. cit. p.43.
60. P. MERTENS (1990) « Intonation » chap. IV in *Le français parlé*, Études grammaticales, C. BLANCHE-BENVE-NISTE, C.N.R.S. p.165.

Enfin, n'oublions pas que toute **mise en valeur** peut aussi être réalisée par un *autre phénomène* : soit par une *pause*, soit par une *variation de la vitesse d'articulation*, c'est-à-dire par un phénomène d'*accélération* ou de *décélération*, soit par un *décrochage tonal*, vers le haut par exemple.

Ainsi donc, il est nécessaire de dissocier l'indice acoustique, le paramètre utilisé, de la fonction ou du rôle qu'il va produire, cet effet produit se retrouvant bien entendu dans la rencontre de deux **subjectivités**, celle du locuteur et celle de l'auditeur, mais aussi dans « *l'universel* » rencontrant « *le singulier* ».

1.4.1.3. Le rythme est produit par le nombre et la place des syllabes accentuées et des syllabes non accentuées.

Dans la parole spontanée, les groupes rythmiques comportent 3 ou 4 syllabes non accentuées pour une syllabe accentuée, c'est-à-dire que toutes les 3 ou 4 syllabes, il y une proéminence d'énergie articulatoire.

Ce constat reste général et théorique, ne prend pas en compte la situation de communication ou le type de discours et ne distingue pas les deux types d'accentuation[61].

L'auditeur, en règle générale, n'est pas sensible à cette double accentuation et est à même de penser qu'il n'y a qu'une seule accentuation utilisée.

Il se produit un **effet de masquage** au plan de la perception et c'est bien souvent l'accentuation de type expressif qui l'emportera sur la perception de l'accentuation de base.

Cependant, dans une perspective didactique, il vaut mieux considérer qu'il y a **superposition** des **deux accentuations** et non effacement de l'une au profit de l'autre car c'est au moment de la production que l'on se rend compte du caractère tangible de l'accentuation de base, la seule accentuation de type expressif ne pouvant en rien permettre de rendre compte du schéma accentuel de base.

Sur ce point particulier plus que sur tout autre, il est de la plus haute importance de séparer *l'analyse* des phénomènes accentuels du français qui renvoit à la connaissance du fonctionnement de la langue, *de la perspective didactique* de ce même phénomène. Cela signifie notamment que la séparation des deux compétences est encore une fois requise ici dans l'établissement de stratégies d'enseignement/apprentissage.

En effet, on peut faire repérer, à partir d'**activités de compréhension** spécifiques, toute la variabilité et la mobilité inhérente à l'accentuation expressive et réserver un travail plus systématique d'acquisition des schémas accentuels de

---

61. La difficulté à cerner le phénomène accentuel en français, dans toute sa complexité, est très bien expliqué par I. FONAGY : « L'accent (stress) en français parisien est d'une grande mobilité. Les règles qui déterminent sa place dans le mot et dans l'énoncé diffèrent selon les locuteurs et le genre du discours. Une stricte oxytonie, l'accent frappant régulièrement la dernière syllabe des groupes syntaxiques est rare. L'unité du groupe est plus souvent marquée par une polarisation accentuelle : des accents qui frappent à la fois la dernière et la première syllabe. » plus loin, il ajoute parlant des changements qui marquent l'évolution du phénomène et montrant ainsi les difficultés qui en découlent au plan méthodologique : » On aurait pu croire, il y a cinquante ans, que le système accentuel du français allait subir une profonde modification, que le français, langue oxytonique par excellence, allait se transformer en langue barytonique (Gill 1936). Il n'en est rien aujourd'hui. Toutefois, l'acquisition d'une rare mobilité, susceptible de refléter des nuances sémantiques fines et précises, est en soi un changement majeur, si l'on compare le français à d'autres langues indo-européennes. » in « Le Français change de visage ? » op. cit. p.249.

base lors d'**activités de production**, afin de développer chez les apprenants une performance langagière proche de celle des natifs.

Le rythme est alors considéré comme cadre temporel dans lequel viennent se placer tout naturellement les syllabes à produire. L'**acquisition** de ce **schéma temporel** est **fondamental** parce que l'on s'aperçoit que c'est sans doute l'élément le plus stable et le plus constant dans l'organisation des réalisations intonatives du français.

F. Wioland préconise « une didactique qui prend en compte le rythme » ; il utilise, à des fins didactiques, une comparaison intéressante, assimilant les sons à des individus vivant en société et donc soumis à des lois et à des règles de vie[62]. *Apprendre à maîtriser le rythme*, c'est être capable d'identifier les unités qui forment le cadre social déterminant l'ensemble des habitudes de prononciation, mais aussi de retrouver le nombre de syllabes par unité.

> « L'identification du nombre de syllabes prononcées par unité est fonction
> des deux principes de la production rythmique – un petit nombre de syllabes
> par unité – et celui de l'équilibre des rapports temporels qu'entretiennent les
> unités rythmiques successives. »[63]

Rythme et **motricité** sont deux facteurs essentiels à l'individu. On ne peut pas envisager la parole sans rythme mais de la même façon on ne peut pas envisager de vivre sans rythme biologique.

Mais qu'est-ce que le rythme ? En quoi est-il nécessaire à notre survie, à notre identité ?

Le rythme c'est un élément récurrent qui se reproduit à intervalle régulier. Le rythme pourra être considéré comme régulier ou irrégulier selon l'isochronie qui le manifestera. Le rythme est un élément identificateur très important, pour l'individu lui-même, il en a besoin biologiquement mais aussi dans sa relation aux autres, comme marque sociale d'identification à un groupe.

Il y a donc dans la notion de rythme un *facteur interne* et *externe*. Le facteur interne sera individuel : chacun, on le sait, a un rythme qui lui est propre et qui le distingue des autres. Le facteur externe, quant à lui, sera d'ordre social : il y a un élément d'identification culturelle et sociologique dans l'élément extériorisé du rythme.

Même si tous les auteurs ne sont pas d'accord et ne savent pas encore distinguer, dans le **rythme**, ce qui est de l'ordre de l'**acquis** ou de l'**inné**, il n'en demeure pas moins qu'ils sont tous d'accord pour admettre l'existence d'une *structuration temporelle de caractère biologique* donc *universelle* et qui se manifeste dès la naissance. Gabrielle Konopczynski, quant à elle, affirme que l'enfant s'approprie d'abord

> « un rythme universel avant d'acquérir la structuration accentuo-temporelle
> propre à sa langue maternelle »[64].

Dans la parole, le rythme se caractérise par le retour d'une proéminence accentuelle, c'est-à-dire que c'est cet élément qui va en quelque sorte battre la

62. F.WIOLAND (1991) « La vie sociale des sons, modèle didactique de la prononciation du français », in *Actes du XII° Congrès international des Sciences Phonétiques*, Aix-en-Provence, vol 5, pp.306-309.
63. F. WIOLAND (1991) idem p.307.
64. G. KONOPCZYNSKI (1991) « Acquisition de la proéminence dans le langage émergent » in *Actes du XII° Congrès International de Sciences Phonétiques*, Aix-en-Provence, vol 1, pp.333-337.

mesure, imprimer un découpage rythmique. Le rythme, donc cette proéminence qui revient à intervalle régulier, est un moyen pour découper en unités de sens la chaîne parlée.

Dans la parole spontanée, il est intéressant d'écouter attentivement les locuteurs et de s'apercevoir que chacun a un rythme qui lui est propre et qui n'est pas seulement calqué sur le patron rythmique caractérisant le français.

De nombreuses études ont été faites dans ce domaine et, déjà en 1946, Kenneth Pike indiquait que l'on pouvait classer les langues selon deux grands types : les langues comme le **français** qui sont caractérisées par une **rythmicité syllabique** (syllable timing) et celles comme l'**anglais** qui ont une **rythmicité accentuelle** (stress timing), ce qui implique que, quel que soit le nombre de syllabes, l'accent se trouve toujours au même endroit.

C'est ce que souligne François Wioland dans ses écrits, il démontre et confirme donc la tendance à l'isochronie relevée par Pike pour l'anglais. Il parle « d'une tendance naturelle de la langue parlée à ne pas rompre l'équilibre interne d'une séquence rythmique » ; en fait tout se passe chez le locuteur de façon à *ne pas déséquilibrer la séquence*, il s'efforcera donc de pallier un déséquilibre éventuel en jouant sur d'autres paramètres temporels, la régulation se fera alors par le débit : il utilisera la variation de la vitesse d'articulation pour rééquilibrer les séquences, l'accélération pour les séquences contenant plus de syllabes et la décélération pour les séquences courtes.

« Les unités rythmiques successives ont tendance à s'équilibrer sur le plan temporel : tout se passe comme si les unités qui forment une séquence rythmique avaient le même « poids » temporel, une égale valeur, quelles que soient en réalité les différences objectives qui existent entre ces mêmes unités. Cet équilibre interne à la séquence [...] est une manifestation tangible de la syntaxe de l'oral et la preuve d'une seule et même programmation de l'énoncé au niveau cérébral », plus loin il ajoute : « le débit est plus lent pour l'unité qui contient moins de syllabes prononcées et plus rapide pour celle qui en contient plus. »[65].

1.4.1.4. Le débit se définit comme la vitesse d'articulation, c'est-à-dire le nombre de phonèmes ou de syllabes articulés dans une seconde.

Ce fait prosodique, comme on peut le constater aisément est très lié au fait précédent (le rythme) lui-même lié également à celui qui le précédait (l'accentuation).

De nombreuses études ont donné des statistiques sur le **débit moyen** selon le type de discours et la situation de communication dans laquelle se trouve le locuteur. Il ne faudra pas oublier bien entendu la variante individuelle. Il est donc facile de caractériser un locuteur en fonction de son débit, rapide, moyen ou lent[66].

---

65. F. WIOLAND (1991) *Prononcer les mots du français, des sons et des rythmes*, Coll. F autoformation, Hachette, p.37-38.

66. A titre d'exemples, on peut donner quelques chiffres. V. Lucci trouve entre 2 et 3 syllabes par seconde pour la conférence, autour de 4 syll/sec pour la lecture et entre 3 et 5 syll/sec pour le dialogue. Pour Grosjean et Deschamps, les vitesses paraissent beaucoup moins stables lors d'interviews radio (entre 4 et 6 syllabes en moyenne). Comme on le voit ce facteur est très variable et reste lié à la variante situationnelle et individuelle.

Plus intéressante pour notre propos didactique est la sensibilisation aux **variations de débit** effectuées par un locuteur dans son discours ; il y a là bien évidemment, toute une somme d'informations à glaner pour l'auditeur, informations de type métalinguistique, adressées à l'auditeur.

Le locuteur fait un commentaire sur son propre discours, indiquant, par ces variations, de façon volontaire ou non parfois, les *moments* de *moindre* ou de *plus grande importance*, par exemple.

Ces variations peuvent donc servir au locuteur à informer l'auditeur sans le faire verbalement, mais elles peuvent aussi *avoir une valeur modalisante*, indiquer l'état d'esprit dans lequel se trouve le locuteur, illustrer *le moment* où s'élabore la pensée, ce moment concomitant entre la pensée qui naît et se développe et son expression verbale.

C'est un temps nécessaire de *ralentissement* dans la mesure où le locuteur cherche la meilleure expression, la meilleure traduction de ce qu'il veut dire, il traque le mot juste et prend le temps pour choisir dans les items qui se présentent celui qui correspond le mieux à sa pensée.

La **décélération**, c'est-à-dire l'allongement excessif d'une syllabe finale peut aussi s'accompagner ou être remplacé par une pause silence ou une pause remplie (euh, mm). La sensation de *rapidité* ou de lenteur semble un des phénomènes prosodiques le plus soumis à *subjectivité*, car il est difficile de dissocier la vitesse réelle d'articulation de l'utilisation plus ou moins fréquente ou régulière des pauses.

L'utilisation d'un grand nombre de pauses et d'une vitesse d'articulation rapide par exemple peut donner l'impression à des auditeurs que le locuteur possède un débit moyen ou lent et vice et versa bien entendu.

Corollairement, la perception et la compréhension de la parole spontanée ne vont pas nécessairement de pair avec un débit lent, il y a bien d'autres facteurs qui aideront ou entraveront la bonne compréhension, nous reviendrons sur cet aspect.

1.4.1.5. La hiérarchisation

Il semble important de rendre à ce phénomène la place qui lui revient en situation de discours, que la parole soit spontanée ou non. De la même façon que le locuteur a la possibilité de mettre en valeur, de ponctuer, de commenter son propre discours, de la même manière il peut (et il le fait relativement souvent) **hiérarchiser** les différentes parties du discours entre elles, c'est-à-dire **structurer** et **organiser** sa parole comme on peut à l'écrit utiliser la ponctuation, les paragraphes et la mise en page typographique.

Ce phénomène recouvre en fait trois fonctions :
- Tout d'abord on envisagera la **hiérarchisation** comme une mise entre parenthèses ou **procédé de parenthétisation**. Les indices ou facteurs acoustiques utilisés sont la *baisse du niveau tonal* sur toute la longueur du segment, la gamme de fréquence du fondamental utilisée par le locuteur est inférieure à celle habituellement pratiquée et est accompagnée d'une *accélération du débit*[67]. A l'évidence ceci est d'une grande importance pour la compréhension du discours car il n'y a

---

67. On trouvera des précisions sur ce phénomène dans le numéro des *ELA n° 66* « Aspects prosodiques de la communication », notamment dans les articles de M. Callamand et E. Matasci-Galazzi et E. Guimbretière.

pas d'autre indice qu'un indice acoustique pour intégrer les informations extra-verbales suggérées par le locuteur.

- Parler de **hiérarchisation**, c'est aussi envisager la configuration de certaines courbes mélodiques et la *relation de hauteur* qu'elles entretiennent les unes par rapport aux autres. Ce que la rhétorique nomme *parataxe* concerne ces procédés. Le locuteur utilise fréquemment le contraste des pentes mélodiques, les *écarts* dans la courbe mélodique pour *remplacer*, *substituer* un lien logique syntaxique[68].

- Enfin et plus généralement, il semblerait que, dans la parole spontanée, le locuteur procède par *emboîtements successifs des constituants d'un énoncé*, cet emboîtement successif s'illustrant par une *descente progressive* mais toujours programmée en fonction de la longueur présumée (par le locuteur) de la séquence[69].

On imagine aisément l'importance que peuvent revêtir ces marques mélodiques en l'absence de tout autre indice linguistique pour la compréhension de la parole.

1.4.1.6. L'intonation

Faisant suite à ce qui vient d'être mentionné et sans reprendre ce qui a été dit précédemment sur le sujet, on peut dire globalement que la **forme** et la **courbe de la ligne mélodique** peuvent être en elles-mêmes **porteuses de signification**. Le locuteur se sert souvent de la courbe mélodique pour *renforcer le sémantisme d'un énoncé* mais aussi pour le *contredire*. Les exemples cent fois cités de « il est charmant » ou « eh ben c'est beau tout ça », en sont une illustration.

On parlera d'intonation lorsque la courbe mélodique actualisera un énoncé dans une production orale. On peut dire d'une réalisation intonative qu'elle peut renforcer la syntaxe, se substituer à elle ou lui faire sens, apporter une nouvelle signification. C'est alors le domaine de l'expressivité de la subjectivité du locuteur qui va utiliser à son gré tous les indices acoustiques, et surtout les accommoder selon sa sensibilité, sa subjectivité.

Selon les variantes situationnelles et les locuteurs, on peut trouver deux cas de figure :

- il y a **congruence** entre la **syntaxe** et l'**intonation**, cette dernière renforçant la signification de l'énoncé transmise à la fois par les mots et leur ordonnancement syntaxique, elle est là pour actualiser la syntaxe.

- l'**intonation** seule donne la **signification du message**, sans elle, l'énoncé pourrait être interprété de différentes façons, elle est donc indispensable à la bonne interprétation de l'énoncé.

On peut dire que, dans la parole, les différents phénomènes prosodiques ne sont pas dissociés. Ce qui est fait ici l'est dans une perspective didactique. Il est difficile de marquer la frontière entre les différents procédés utilisés par le locuteur qui, comme on l'a vu, a la liberté la plus grande dans le choix des indices acoustiques et les arrangements qu'il peut en faire, pour reprendre une métaphore musicale.

---

68. On se reportera aux travaux de F. GADET et MAZIERES ainsi qu'à ceux de M. A. MOREL et A. RIALLAND. Ces dernières démontrent qu'une montée mélodique en finale de constituant opère un emboîtement sur le constituant suivant dont il devient dépendant. Cette fonction de marqueur de hiérarchie a été également mis en lumière par P. MERTENS (1990) « L'intonation » op. cit..

69. M.A.MOREL, A. RIALLAND (1992) « Autonomies, emboîtements et ruptures dans l'intonation française » in *Actes du Colloque Cerlico, La subordination*, Presses Universitaires de Rennes.

1.4.2. La stratégie d'écoute de l'auditeur et la mise en relation des effets visés et des effets produits.

S'il était important de mettre à plat et de recenser les diverses marques prosodiques liées à la parole d'un locuteur en variante socio-situationnelle, il est tout aussi important de prendre la place de l'**auditeur**, qu'il soit étranger ou non, et d'essayer de recenser les **effets produits**. Que va-t-il entendre et comment va-t-il ou peut-il les interpréter ? Dans le flot sonore qui lui parvient, il lui est nécessaire de trouver des points de relais à la compréhension telles des bouées de sauvetage disséminées ici et là, lui permettant de surnager !

N'oublions pas, que cette étape est d'autant plus importante qu'elle peut constituer en elle-même le seul objectif de certaines situations d'enseignement/apprentissage. En effet, il peut s'avérer que la seule compétence à développer est une aptitude à percevoir, à comprendre globalement et non à produire. Dans ces conditions, l'enjeu primordial est la perception des caractéristiques d'un discours, d'un message, d'un énoncé.

Il faudra alors travailler à *repérer les mises en relief*, les éléments de *structuration* et d'*organisation* et les différents *moments d'élaboration* du discours, à partir de productions en situation.

L'auditeur face à un discours, qui lui est ou non adressé, se doit de repérer le **mode personnel** d'organisation de l'information que le locuteur veut transmettre. A partir d'une rapide appréhension globale de la situation de communication, (on sait bien que l'on ne parle pas de la même manière dans toutes les situations), c'est au repérage des procédés, des « tics » intonatifs, rythmiques etc., (ce qui correspond pour nous à des marques prosodiques) récurrents que l'auditeur doit s'attacher. Ces **marques récurrentes** doivent permettre, dans l'analyse qui suit ce repérage brut, intuitif, impressif, de déterminer la **stratégie prosodique** utilisée en termes de :
- *hiérarchisation de l'information*,
- *constitution en unités de sens*,
- *mise en relief d'éléments-clés*,

mais aussi permettre de discerner ce qui ressortit à l'expressivité, à l'état d'esprit du locuteur, à travers les variations de rythme, de débit et l'utilisation des pauses.

Comme on peut aisément le déduire de ce qui a été dit précédemment, il n'y a pas à proprement parler de *stratégie prosodique-type* selon les variantes socio-situationnelles, comme celles qui existent et que l'on peut recenser dans l'écrit, car il nous semble que la personnalité de l'individu l'emporte sur la situation.

On se reportera à l'ouvrage de Francine Cicurel sur l'approche de la lecture qui s'appuie sur la reconnaissance des schémas formels, de la structure textuelle pour permettre au lecteur étranger d'aborder un texte en langue étrangère ; ces propos font écho à nos préoccupations en matière d'oral :

> « Il existe un niveau pré-linguistique qui permet la saisie inconsciente de la mise en page, de la typographie, de la mise en paragraphes, de l'organisation graphémique. Le lecteur entraîné prend en compte ces éléments comme autant d'indices de lisibilité. »[70]

70. F. CICUREL (1991), *Lectures interactives*, Coll. F auto-formation, Hachette, p.12.

Pour l'oral, la partie **configuration sonore** est très variable et soumise à l'individu et à sa personnalité. Même si l'on peut recenser des marques prosodiques récurrentes pour certains types de discours, il n'en reste pas moins vrai qu'à côté de ces marques caractéristiques, l'individu est là, présent dans *sa création intonative*, selon l'expression de Monique Callamand :

> « Les ressources de la voix sont abondamment utilisées pour refléter une image qu'on veut donner de soi. Le jeu consiste à doser les paramètres physiques pour produire des effets stylistiques, c'est-à-dire un écart par rapport à la parole naturelle. »[71]

On ne peut pas commander à un locuteur d'imprimer un rythme rapide ou un rythme énergique caractérisé par exemple par une attaque des premières syllabes des groupes de mots, ou d'utiliser le chuchotement, le ton suraigu, etc., en revanche on peut très facilement lui faire remarquer l'existence de ces phénomènes.

Cela a pour conséquence, dans une perspective didactique de **construire** avec l'auditeur **un cadre d'analyse**, puis de remplir une **grille d'écoute**, à partir d'*échantillons sonores*, grille dans laquelle on placera certaines rubriques indispensables comme :

- débit : utilisation de variation ou non, accélération ou décélération par rapport au débit naturel du locuteur (rapide, lent, moyen).

- accentuation : le locuteur privilégie l'accentuation expressive (la mise en valeur), ou l'accentuation rythmique ?

- segmentation en unités de sens : le locuteur se sert de pauses-silences, de pauses remplies, de montées mélodiques seulement identiques à celles de l'accentuation rythmique.

- hiérarchisation : le locuteur utilise-t-il ce que nous avons appelé mise entre parenthèses (parenthétisation), partie de discours prononcée sur une mélodie plus basse et accélérée, par exemple ?

- utilisation spécifique de la mélodie : variation mélodique sur une syllabe, ton suraigu, etc.[72]

71. M. CALLAMAND (1987), « Analyse des marques prosodiques de discours », in Aspects prosodiques de la communication, *Études de Linguistique Appliquée n°66*, Didier-Erudition, p.66.
72. Ces propositions se trouvent concrétisées dans certaines activités du matériel pédagogique consacré à l'entraînement de la compréhension et de l'expression orales : E. GUIMBRETIERE (1992) *Paroles*, Didier.

PARTIE

2

MISE EN PLACE DE STRATÉGIES D'ENSEIGNEMENT/APPRENTISSAGE

2.1. Un peu d'histoire ou la correction phonétique au fil des années

Pour mieux comprendre ce qui se passe aujourd'hui, il est nécessaire de faire un retour en arrière sur l'évolution des techniques de correction phonétique qui a suivi celle de l'enseignement des langues.

C'est avec la mise au point de l'alphabet phonétique international et des débats qu'il a suscité autour des années 1880-1890, que la phonétique est réellement entrée dans l'enseignement et y a tenu depuis une place plus ou moins importante[73]. L'abbé Rousselot et Paul Passy au début du siècle se sont efforcés de donner, à cette discipline, une place non négligeable dans l'enseignement des langues, avec succès, puisque, depuis, elle ne cesse de provoquer **rejet** ou **engouement** selon les périodes et les modes. Comme nous le signale Enrica Galazzi, non sans un certain humour, :

> « Passy joua le rôle de précurseur non seulement pour la phonétique elle-même qui, à l'époque, était considérée comme « la marotte de quelques toquées », mais aussi en étant le premier professeur à ouvrir la porte aux femmes »[74]

---

73. On lira avec grand intérêt, les articles très bien documentés d'Enrica GALAZZI qui retracent avec humour et dans un style alerte, les grands moments de la phonétique et le combat mené par les phonéticiens au début du siècle pour installer l'enseignement de la phonétique au coeur de l'enseignement des langues :

E. GALAZZI (1991) « La méthode phonétique pour l'enseignement du F.L.E. en Italie à travers la lecture du Maître Phonétique et du Bollettino di Filologia Moderna (1894-1910) », in *Actes du Colloque de Parme 14-16 juin 1990, Documents pour l'histoire du Français Langue étrangère ou seconde, n°8*, SIHFLES, pp.277-300.

« 1880-1914. Le combat des jeunes phonéticiens : Paul Passy » in *Cahiers Ferdinand de Saussure 46* (1992), pp.115-129. « Machines qui apprennent à parler, machines qui parlent : un rêve technologique d'autrefois » in *Études de Linguistique Appliquée, n°90*, avril-juin 1993, pp.73-84.

74. E. GALAZZI (1992) op. cit. p.123.

Prendre comme point de repère les travaux et les batailles menées par P. Passy et l'abbé Rousselot ne veut pas dire qu'on ne se préoccupait pas auparavant de l'oral mais avec eux la composante orale de la langue a acquis un aspect scientifique qu'elle ne connaissait pas jusque là.

Il est intéressant de relire les instructions officielles données au 19ᵉ siècle pour se rendre compte que la nécessité d'un travail sur l'oralité de la langue se faisait de plus en plus pressante et, grâce à l'ouvrage extrêmement bien documenté de Christian Puren, nous pouvons suivre le cheminement de cette préoccupation au rythme des instructions officielles. La prononciation deviendra une priorité dans la mesure où il est désormais indispensable d'enseigner la langue parlée[75].

À partir de ce moment, on peut classer selon certaines orientations les tendances à l'enseignement de la prononciation, traditionnellement appelées méthodes de correction phonétique. Bien que cette appellation enferme l'enseignement de la langue parlée dans un cadre extrêmement rigide et réducteur qui ne peut en rien rendre compte des multiples facettes de l'oral, c'est pourtant celle qui illustre le mieux ce qui s'est passé pendant la première moitié de ce siècle.

2.1.1. La méthode articulatoire

Attardons-nous, tout d'abord, sur la **méthode articulatoire**, celle qui a prévalu pendant longtemps, jusqu'aux années 70, celle qui a été le plus souvent utilisée, ce qui ne veut pas dire qu'elle ne l'est plus, au contraire, ni qu'elle ne donne pas de résultats intéressants.

La caractéristique de cette méthode repose sur le postulat selon lequel l'**émission des sons** implique une **connaissance** relativement poussée du **fonctionnement de l'appareil phonatoire**. C'est en analysant et en pratiquant en même temps, à partir de schémas, les mouvements nécessaires à la réalisation d'un son que l'élève est amené à produire ce son.

Avec cette méthode, les schémas en coupe de la cavité buccale, nasale et pharyngale, se sont développés afin d'indiquer avec la plus grande exactitude le point et le lieu d'articulation des phonèmes.

Pour nécessaire qu'elle soit à l'information des professeurs, elle paraît inutile et rébarbative pour l'élève, (à quelques exceptions près), ne serait-ce que parce que cette méthode ne prend pas en compte la **complexité de la phonation** en elle-même et les **potentialités de l'individu** dans le processus de phonation. En effet, il ne faut pas sous-estimer les capacités de chacun à trouver des **procédés de compensation** et de **régulation** dans l'acquisition des distinctions phonologiques. Nous aurons l'occasion de revenir sur ce point.

---

75. C. PUREN (1988) *Histoire des Méthodologies de l'enseignement des langues*, Coll Didactique des langues étrangères, Clé International.
On lira avec grand intérêt ce qui est dit dans les circulaires et instructions officielles :
« En tête de toute méthode pour apprendre une langue vivante, il faut écrire le mot prononciation. Les détails de la méthode peuvent varier, selon le caractère et l'âge de l'élève, même selon le goût du maître ; mais cette première règle est immuable. Apprendre une langue, c'est d'abord se mettre en état de produire les sons dont elle se compose… »
(extrait tiré de l'instruction officielle du 13 septembre 1890, où est affirmée la priorité de l'oral sur l'écrit dans les débuts de l'apprentissage). A certains égards on peut se demander si cette profession de foi ne devrait pas être de temps en temps écrite en lettres d'or car elle semble parfois oubliée par certains formateurs.

2.1.2. L'audition de modèles

Une deuxième orientation rassemble les procédés basés sur l'**audition de modèles** à partir de **machines**, la première étant le phonographe. Les méthodes utilisant de tels procédés ont vu leur influence grandir avec l'apparition des laboratoires de langue et la multiplication des magnétophones. Elles annoncent en fait la véritable révolution qu'apporteront les travaux de Guberina, dans la mesure où elles s'opposent au contrôle conscient et à l'apprentissage intellectualisé du système phonologique de la langue. L'audition puis l'imitation de modèles s'appuient sur la thèse selon laquelle l'intégration des notions est facilitée par un **apprentissage inconscient**, c'est ce qui a été pratiqué dans les exercices (ou drills) importés directement de la méthodologie audio-orale. L'avantage c'est que l'accent est mis sur l'audition et l'écoute attentive et permet à l'élève de s'entendre. En revanche, l'imitation purement mécanique d'un stimulus fatigue l'élève surtout débutant qui n'est absolument pas capable de s'entendre et de se corriger.

2.1.3. La méthode des oppositions phonologiques

Celle-ci a été adoptée par application des **principes de classification des phonèmes**. Selon les conceptions de Bloomfield, Jakobson et Halle qui classaient les phonèmes en fonction de leurs *traits distinctifs*, les méthodologues ont proposé de mémoriser les phonèmes par *oppositions de type binaire* en les faisant répéter sous forme de *paires minimales*. Même si la priorité est donnée à la discrimination auditive, on retrouve là un des défauts relevés avec la méthode articulatoire, à savoir celui de privilégier l'élément isolé au détriment du continuum sonore et de réduire les multiples possibilités de combinaison des phonèmes entre eux.

2.1.4. L'opposition de deux courants

On voit déjà se dessiner deux courants : les tenants d'une *approche consciente, raisonnée*, en un mot *intellectualisée*, qui s'opposent aux tenants d'une pédagogie fondée sur un *apprentissage mécaniste* qui s'organiserait au niveau de *l'inconscient*, et où serait bannie toute fonction raisonnante.

Pour appuyer les théories des uns et des autres, il suffit de relire les propos tenus par les plus grands linguistes autour des années cinquante. Pour Claude Levi-Strauss, les phénomènes articulatoires nous sont inconscients :

> « Presque toutes les conduites linguistiques se situent au niveau de la pensée inconsciente. En parlant, nous n'avons pas conscience des lois syntactiques et morphologiques de la langue. De plus, nous n'avons pas une connaissance consciente des phonèmes que nous utilisons pour différencier le sens de nos paroles ;...»[76].

Il en est de même pour Charles Bally pour qui le fonctionnement du langage est le plus souvent inconscient :

> « ... nous ne pensons presque jamais aux innombrables représentations

---

76. C. LEVI-STRAUSS, *Anthropologie structurale*, Plon, 1958, pp 64-65.

que notre esprit est obligé d'associer et de combiner pour la moindre phrase que nous prononçons... »[77].

Pour Pierre Delattre, il y a interaction entre audition et reproduction du son, c'est ce qu'il appelle « le rôle proprioceptif du geste articulatoire de la perception ». On fera travailler l'audition de l'élève en lui indiquant mouvements et positions de l'articulation, en lui faisant comprendre le fonctionnement articulatoire avant qu'il ne l'éprouve physiologiquement[78].

Comme on le voit, les uns appuient leur méthode articulatoire sur leur conviction que la phonation trouve son origine dans le cerveau, les autres estiment que la phonation résulte d'une dynamique complexe située au niveau de l'inconscient.

2.1.5. La méthode verbo-tonale

Toutes ces discussions et ce foisonnement d'idées ont permis le cheminement d'un autre courant de pensée celui de la **méthode verbo-tonale** de correction phonétique qui s'inscrivait en ligne directe dans la méthodologie audio-visuelle et structuro-globale.

On peut dire que Petar Guberina a réussi à proposer une *synthèse* des connaissances de l'époque en *linguistique structurale* (Saussure), en *phonétique expérimentale* et *orthophonique* (Rousselot, Fries et Delattre) en *phonologie* et en *stylistique* (Bally).

Ce sont les expériences sur les mal-entendants qui vont mener Guberina à proposer sa stratégie corrective à l'enseignement d'une langue étrangère. Aujourd'hui encore, on parle du crible phonologique en faisant référence sans toujours le savoir à Polivanov et Troubetskoy qui avaient démontré que chaque individu était sourd au système phonologique d'une langue étrangère.

La **stratégie verbo-tonale** se caractérise donc par une **rééducation de l'audition** passant par un *quadruple conditionnement* au plan psychologique, corporel, psycho-somatique et audio-phonatoire. Fondée sur une stratégie interventionniste, la méthode verbo-tonale propose un ensemble structuré et systématique. Les procédés correctifs sont disposés de manière à *reconditionner l'audition* par une *action* portant non pas sur l'articulation du sujet mais *sur le modèle* afin de procéder à une intégration inconsciente[79].

L'intervention consiste à replacer l'élément fautif dans un environnement optimal pour reconditionner l'audiophonation et ce, en recourant, selon les cas, à l'intonation, au rythme, à la tension, à la phonétique combinatoire et à la prononciation nuancée. Comme le rappelle R. Renard *trois moyens* sont recommandés : le choix d'un schéma prosodique favorable, celui d'une meilleure combinaison de sons, la modification par le maître de la prononciation de ces sons[80]

Tout cela participe bien d'une volonté de proposer une méthode basée sur des principes théoriques cohérents et véhiculant une conception interventionniste de

77. Ch. BALLY (1952) *Le langage et la vie*, Droz, p.23.
78. P. DELATTRE (1966) *Studies in French and Comparative Phonetics*, Mouton and C°, London, The Hague, Paris, p.249.
79. A. LANDERCY et R. RENARD (1977) *Éléments de phonétique*, Paris-Mons, Didier-CIPA.
80. R. RENARD (1971) *Introduction à la méthode verbo-tonale de correction phonétique*, Didier.

l'apprentissage conditionnant à la fois maître et élève. L'imitation d'un modèle linguistique préétabli, unique et basé sur une analyse descriptive structurale, à laquelle on voulait soumettre les élèves convenait parfaitement au courant méthodologique structuro-global des années soixante.

2.1.6. La correction phonétique au cours de la décennie 70

Les années soixante-dix verront la remise en question de cette suprématie de la linguistique structurale sur l'enseignement des langues grâce aux apports de la sociolinguistique.

De ce fait la phonétique corrective qui s'appuyait sur la reproduction d'un modèle unique et normé se voit battue en brèche par les tenants d'une pédagogie de l'enseignement des langues fondée sur une langue vivante reflétant la réalité socioculturelle de ses utilisateurs.

> « L'appropriation individuelle d'une langue est d'abord socialement média-
> tisée ; l'apprentissage d'une langue est toujours socialement située, langue
> de quelqu'un qui n'est pas n'importe qui n'importe quand n'importe où. »[81]

Dès lors, on accorde de moins en moins d'importance à la phonétique corrective qui reste le dernier rempart contre la norme prescriptive en matière de langue. Elle devient au cours de la décennie 70 **la grande oubliée** de la didactique des langues dans la mesure où on avait redéfini les objectifs de l'enseignement des langues. La priorité était donnée à la *centration sur l'apprenant*, à ses possibilités de s'exprimer de façon *autonome et authentique* dans des situations elles-mêmes authentiques, privilégiant moins la forme que la prise de la parole.

Pour un temps, la démarche communicative, qui s'installait, allait évacuer toute référence à une norme, à une compétence linguistique.

Mais cette **désaffection** n'était-elle pas le signe que la phonétique était restée ce qu'elle était, qu'elle n'avait pas su évoluer et trouver sa voie méthodologique propre et conforme aux nouvelles options de la didactique des langues.

Dire de la phonétique qu'elle était demeurée immuable, pareille en elle-même, c'est dire qu'elle n'a pas su se dégager des sentiers de l'analyse descriptive, qu'elle est restée un savoir sans être capable de le transmettre de façon adéquate, elle n'est pas d'ailleurs la seule discipline à l'avoir fait, mais, en dire plus, serait nous éloigner de notre propos.

2.1.7. Le tournant des années 80

Le constat qui est fait, dans les années 80, permet d'appuyer sur la sonnette d'alarme, constat qui montre que l'enseignement des oppositions de sons par discrimination auditive et gymnastique articulatoire a laissé la place au développement de la compréhension orale et au travail sur la qualité sonore de l'énoncé global. Au fil des années, de 70 à 80, on a assisté a un changement d'attitude. L'héritage de l'analyse structurale c'est-à-dire la phonétique corrective des méthodes structuro-globales s'est mué en simple sensibilisation par imprégnation des schémas mélodiques :

81. L. PORCHER (1980) « Parcours socio-pédagogiques », in *Lignes de forces en didactique des langues étrangères*, Galisson R. et alii p.96-97, Didactique des langues étrangères, Clé International.

« ...le critère de la performance optimale (identité avec le système-cible) a été remplacé par le critère d'acceptabilité maximale des performances pourvu qu'elles n'entravent pas la communication. »[82]

À cet égard, ce qu'écrivent Geneviève Calbris et Jacques Montredon dans la préface de *C'est le Printemps* est exemplaire et caractérise les **options méthodologiques** en matière d'apprentissage de la langue orale.

« Ainsi la phonétique dans *C'est le Printemps* touche essentiellement à la prosodie compte tenu de son importance dans la perception et la compréhension des messages. » p. 5

« La prosodie constitue aussi la trame phonétique d'une langue. Il y a solidarité entre les caractéristiques prosodiques et phonétiques. Par exemple, en français, l'accent de groupe détermine la régularité rythmique qui, par une égale répartition d'intensité et de durée, entraîne la netteté articulatoire de chaque phonème. Des phénomènes de relâchement, de diphtongaison, d'aspiration semblent inconcevables dans une langue à accent de groupe. Il est logique, dans ce cas, que l'acquisition des caractéristiques prosodiques d'une langue facilite celle des éléments phonétiques. » p.6 [83].

Comme on le constate, les préoccupations de l'époque concernent plus les compétences en matière de compréhension qu'en matière de production et cela doit aussi être noté par rapport à l'évolution des mentalités.

Il faut reconnaître qu'après des années d'impérialisme de la norme, d'imposition de la répétition et des mécanismes articulatoires, cette nouvelle voie qui s'ouvrait, nous paraissait, à tous, rafraîchissante, innovante et riche de promesses. On doit d'ailleurs beaucoup à ces deux auteurs qui nous ont permis de rompre avec les méthodes correctives traditionnelles et ont ouvert une voie qui sera reprise et amplifiée par eux-mêmes et par d'autres.

Montrer l'*importance du rythme* et des *schémas mélodiques* dans la production orale, dès le début de l'apprentissage, reprenait par là-même une partie des thèses développées par P. Guberina en les débarrassant de tout un appareillage structuro-global qui alourdissait la démarche méthodologique et effrayait par sa méthodologie d'application tous les enseignants, insuffisamment formés.

2.1.8. L'héritage de la méthodologie structuro-globale

Au milieu des années 80, il a semblé qu'il fallait revenir à plus de systématisation car la dérive vers la seule sensibilisation, à la rigueur la répétition, de réalisations intonatives était en train de s'installer, les enseignants n'étant en rien formés et négligeant de ce fait l'aspect phonétique de la langue.

Un ouvrage paraît alors sous le titre de « Méthodologie de l'enseignement de la prononciation » et fait espérer un renouveau en matière d'enseignement des langues et surtout de la prononciation. Si nous insistons sur le titre c'est qu'il paraît révélateur, dans un premier temps, d'une prise en compte réelle, dans le

82. E. GALAZZI-MATASCI, E. PEDOYA-GUIMBRETIERE (1983), « Et la pédagogie de la prononciation ? » in *Le Français dans le Monde n°180*.

83. G. CALBRIS et J. MONTREDON (1975) *Approche rythmique intonative et expressive du Français langue étrangère, C'est le Printemps*, Clé International.

domaine de la didactique, de la phonétique, et inversement, en phonétique, de la prise en compte de l'enseignement de cette discipline. Les propos relevés dans l'introduction sont révélateurs et annoncent le contenu authentiquement méthodologique :

> « Ce manuel, destiné à des enseignants de français langue étrangère, propose une présentation dépouillée et fonctionnelle des notions de phonétique pertinentes pour l'établissement d'une méthodologie de la prononciation. Il se distingue en cela des ouvrages généraux d'introduction à la phonétique qui, établis par des théoriciens pour une approche théorique et descriptive, ne peuvent concerner directement le professeur de langue confronté aux problèmes d'enseignement d'un phonétisme nouveau. Une approche spécifique s'imposait pour répondre aux besoins professionnels de ceux qui, ayant cherché à s'initier, n'ont retiré qu'insatisfaction ou méfiance à l'égard d'une discipline technique, complexe, ésotérique et dont ils ne perçoivent pas immédiatement les applications possibles. »[84]

En effet, cet ouvrage propose un **dispositif didactique** permettant d'une part, de familiariser tous les enseignants (français) avec leur système phonique (qu'ils ignorent dans la plupart des cas), et d'autre part, de leur donner quelques pistes pédagogiques.

La présentation des faits de phonétique est claire et simplifiée pour permettre à l'enseignant de ne pas être perdu dans une jungle terminologique. Cette simplification de surface et nécessaire pour les non initiés s'appuie sur des connaissances en phonétique instrumentale et en acoustique comme en témoigne la bibliographie.

L'héritage de la méthodologie structuro-globale n'est pas oublié puisque l'auteur préconise dans la partie applications pédagogiques de recourir aux exercices structuraux à condition qu'ils soient conçus de telle manière que la relation *stimulus-réponse* devienne une *relation de communication*, c'est-à-dire que les répliques soient les plus naturelles possibles en situation de communication.

On y retrouve aussi les préoccupations liées au *rythme* ainsi qu'aux *schémas mélodiques* et la possibilité de lier en une seule et même voie les phénomènes segmentaux et supra-segmentaux de la langue.

Cet ouvrage reste pour beaucoup de didacticiens un ouvrage de référence important qui marque un tournant en didactique et sur lequel les concepteurs de matériel pédagogique ne manquent pas de s'appuyer.

Pour en finir avec cette rétrospective historique, on peut dire qu'à partir des années 90 aucune méthode digne de ce nom n'oserait faire l'impasse sur la prononciation, même si la méthodologie utilisée reste pour le moins assez peu innovante et essentiellement basée sur des exercices de répétition. Par ailleurs, et pour compléter les méthodes, on trouve, de nouveau, des matériels pédagogiques spécifiques consacrés à l'apprentissage de la prononciation et à la prosodie[85].

---

84. M. CALLAMAND (1981) *Méthodologie de l'enseignement de la prononciation*, Didactique des langues étrangères, Clé International, p.3.

85. M. KANEMAN-POUGATCH, E. PEDOYA-GUIMBRETIERE (1989) *Plaisir des sons, Phonétique du français*, Didier-Alliance Française, livre du professeur, cahier de l'élève et 4 cassettes.
T. PAGNIEZ-DELBART (1991) *À l'écoute des sons*, Clé International, 2 vol. les voyelles, les consonnes et 2 cassettes.

Cette rétrospective est une parfaite illustration, me semble-t-il, des propos de Louis Porcher militant pour une constitution épistémologique de la didactique des langues :

> « Une connaissance avance en rompant avec son passé mais, pour opérer cette rupture, il est nécessaire de connaître celui-ci. La connaissance précédente ne se trouve pas annulée par la suivante mais englobée par celle-ci comme un cas particulier. Mais, sur notre territoire, précisément par manque d'analyses historiques et épistémologiques, il y a une forte tendance à considérer que le modèle (méthodologique, didactique) suivant annule le précédent et le renvoie au magasin des accessoires dans le vaste espace où s'accumulent les choses périmées. »

et un peu plus loin :

> « Là encore, il y aurait urgence à décrire l'évolution dans d'autres termes, notamment ceux de l'englobement de l'ancien par le nouveau, plutôt que comme une succession soit aléatoire, soit de substitution (l'informatique à la place de l'audio-visuel), soit encore exprimée en termes de progrès linéaire, positiviste (l'informatique mieux que l'audio-visuel). »[86]

2.1.9. La décennie 90

Et maintenant quel héritage va laisser la décennie 90 ?

Il est nécessaire de faire un tour d'horizon de ce qui se passe aujourd'hui en matière de phonétique, en ce qui concerne l'acquisition d'un système phonique dans l'enseignement/apprentissage d'une langue étrangère.

Compte tenu des propos de Louis Porcher, il paraît vraisemblable de retrouver dans les pratiques, dans les matériels ainsi que dans les articles consacrés à ce domaine, un assez grand **éclectisme**, ce qui d'ailleurs caractérise plus généralement les ouvrages pédagogiques d'aujourd'hui. Concrètement quelle en est la signification ? Tout simplement (mais peut-être cela n'est-il pas aussi simple que cela en a l'air) de prendre et de ne garder que ce qui paraît avoir fait ses preuves, servir en quelque sorte l'outil pédagogique, car dans *ce grand carrefour qu'est la didactique des langues* ne faut-il pas savoir mêler la connaissance, le savoir et le savoir-faire, cette didactique comme le dit R. Galisson qui se construit « *au carrefour des sciences humaines* »[87].

La didactique ne continuera à évoluer que si elle est le lieu dynamique de ce mouvement de la théorie vers la pratique mais aussi de la pratique remontant vers la connaissance pour que celle-ci puisse s'y nourrir puis redescendre et ainsi de suite.

Le dynamisme de la didactique ne pourra être entretenu que par cet incessant va-et-vient : de la *théorie* à la *pratique* et de l'*expérience vécue* à la *connaissance*, mais également si elle sait gérer *ce qui lui vient d'hier* ; c'est en quoi l'éclectisme parfois décrié a du bon. Comme le souligne Louis Porcher :

> « La pédagogie d'aujourd'hui aurait tout intérêt à gérer de manière moins

86. L. PORCHER (1987) « Promenades didacticiennes dans l'œuvre de Bachelard » in *Une introduction à la recherche scientifique en didactique des langues*, pp.121-139, Coll Essais, Didier-Credif.
87. R. GALISSON (1985) « Didactologies et idéologies » in *Études de Linguistique Appliquée*, n°60, Didier Érudition.

dispendieuse et ostentatoire ce que l'on pourrait appeler, techniquement, son « trésor » méthodologique. »[88].

Ce carrefour des sciences humaines est bien mis en œuvre à notre époque où se croisent dans les réflexions méthodologiques les apports de différentes disciplines. Si l'on parle à l'heure actuelle de *gestuelle*, de *visualisation* et de *représentations mentales* c'est que la phonétique elle-même s'est ouverte aux apports extérieurs. Il serait peut-être plus juste de dire que la didactique s'étant ouverte aux autres sciences, la pédagogie de la prononciation a décidé, elle aussi, d'en profiter et de ne pas rester sur la touche plus longtemps. C'est la conséquence naturelle de l'apport des autres sciences mais aussi de l'existence de certaines filiations. On voit apparaître des écoles, des courants de pensée.

2.2. Les processus cognitifs mis en œuvre dans l'apprentissage

La pédagogie de la prononciation s'enrichit en ce moment des *apports des neurosciences*, de l'*ethnologie et ethnographie de la communication*, va chercher en direction de ce qui se fait en communication, pioche aussi dans l'univers proprement théâtral.

Pour la seconde fois dans l'histoire de la phonétique, celle-ci participe à l'enseignement des langues, elle n'a pas une place à part, elle n'est pas reléguée, elle peut profiter des innovations pédagogiques[89].

Phonétique et pédagogie font bon ménage, s'épaulent se renvoient la balle, s'harmonisent et s'épanouissent enfin dans le domaine de la didactique des langues. La technologie n'étant pas non plus oubliée dans ce carrefour, nous redonnerons la parole à E. Galazzi avec laquelle nous avons commencé ce tour d'horizon historique :

« Notre ère a abandonné le rêve imitatoire à la poursuite d'autres chimères technologiques. On ne parle plus de machines parlantes mais de synthèse de la parole ; les appareils aidant à rectifier les vices de la prononciation ont trouvé leur place au musée de la parole et c'est l'informatique qui alimente notre espoir. Une nouvelle génération de matériels destinés à la correction phonétique prend la relève. L'ordinateur a son mot à dire dans l'enseignement de la phonétique de la langue étrangère : « Micro Speech Lab » le prouve. Par ailleurs, des programmes automatiques de correction phonétique individualisés retiennent l'attention des chercheurs. Il ne nous reste plus qu'à espérer qu'ils tiendront leurs promesses. »[90]

---

88. L. PORCHER (1987) *Manières de classe*, Didier, p.13.

89. La première fois, il faut s'en souvenir, ce fut à l'époque de la méthodologie directe, la phonétique a été à l'origine d'un grand renouveau en didactique des langues. Pour plus de précisions, se reporter à l'ouvrage de C. PUREN, op. cit.

90. E. GALAZZI (1993) « Machines qui apprennent à parler, machines qui parlent : un rêve technologique d'autrefois » in *Études de Linguistique Appliquée, n°90*, avril-juin 1993, p.84. Sur les avancées technologiques en phonétique, il faut signaler, par ailleurs, les articles de J.H. Esaling « La parole sur ordinateur dans l'enseignement de la langue seconde : matière académique au niveau avancé » in Revue de Phonétique Appliquée 95-96-97, 1990, pp.145-151, et celui de A. Durand-Deska, P. Durand « Quelques perspectives en correction phonétique : pour un renouveau technique et méthodologique » in Revue de Phonétique Appliquée 98, 1991, pp.15-31.

2.2.1. Compréhension et réception

Dans une perspective d'enseignement/apprentissage, on ne parle que du couple compréhension/production et on laisse imaginer que la compréhension est l'étape première à partir de laquelle la production d'un son ou de suites de sons va pouvoir s'enchaîner sans problème. Les travaux d'Hélène Trocmé-Fabre et ceux d'Élisabeth Lhote montrent très justement qu'il n'en est rien.

Tout d'abord, il est nécessaire de **dissocier** les **deux types de compétences** et en phonétique plus que pour d'autres domaines ; par ailleurs, il faut savoir qu'avant d'arriver au stade de la compréhension, certaines **étapes** sont indispensables. Ces étapes ont pour nom **audition** et **perception** ; d'autres termes comme écoute, réception, peuvent apparaître et on pourra les assimiler à l'un ou l'autre des deux précédents.

Il faut bien entendu faire la distinction entre ce qui est de l'ordre de l'*audition*, à savoir la sensibilité de l'oreille aux stimuli sonores (on fera la différence entre ceux qui entendent et ceux que l'on dénomme les mal-entendants ou sourds) de ce qui relève de la *perception* qui engendre un processus mental relativement complexe. Ce processus mental, défini comme complexe, sert à la fois à reconnaître et à interpréter la réalité acoustique. L'écoute ou la réception de la parole sollicite les *mécanismes sensoriels* à travers le phénomène de l'audition et met en jeu les *mécanismes cognitifs* et *linguistiques* à travers le phénomène de la perception.

Le domaine des neurosciences a ouvert la voie d'une réflexion approfondie en matière d'apprentissage en nous montrant de quelle manière le cerveau traite l'information.

Nous renvoyons aux travaux d'Hélène Trocmé-Fabre qui grâce aux passerelles qu'elle établit entre les neurosciences et la pédagogie nous donne une multitude d'informations précieuses afin que nous puissions les réutiliser à des fins pédagogiques. Il s'avère alors nécessaire de tenir compte des réalités biologiques de l'apprentissage.

2.2.2. Traitement de l'information par le cerveau

Pour ce qui nous concerne, nous retiendrons un certain nombre d'éléments relatifs aux différents niveaux du *traitement de l'information*, à la *perception*, à la *relation perception-production*, et au rôle de la *mémoire*.

> « Le traitement de l'information sensorielle se fait de façon simultanée, distribuée et non séquentielle à l'intérieur d'une même modalité (visuelle, auditive…). »[91]

Il semblerait, d'après certains travaux de scientifiques, que les fonctions de réception et de production de la parole soient physiologiquement reliées, l'audition influençant l'activité de parole. La zone qui commande la production de la parole est activée aussi bien lors de la lecture silencieuse que lors de l'écoute de stimuli verbaux complexes.

---

91. H. TROCME-FABRE (1987) *J'apprends donc je suis*, Éditions d'organisation, p.43.

En fait pour qu'il y ait compréhension il faut envisager les différentes étapes : tout d'abord *saisie* (repérage puis extraction) de l'*information* dans la multitude de stimuli auditifs et visuels qui parviennent perpétuellement au cerveau, ensuite *analyse* et *traitement* de cette information afin de la *stocker* en tant qu'élément signifiant. Dans ce mécanisme, il semble admis jusqu'à présent qu'un rôle est dévolu à chacun des deux hémisphères du cerveau en ce qui concerne les informations à traiter, l'hémisphère droit s'occupant de ce qui est plus général et servant de cadre aux opérations de détails, plus petites, plus complexes prises en charge par l'hémisphère gauche. On ne peut que souligner la notion de *coopération* et de *complémentarité* des deux hémisphères.

2.2.3. Stockage de l'information et processus de mémorisation

Parler de stockage de l'information renvoie à ce que l'on connaît à l'heure actuelle sur notre manière de retenir l'information, sur notre capacité à mémoriser, capacité fondamentale dans l'apprentissage d'une langue étrangère où beaucoup d'acquisitions linguistiques font appel à la mémoire.

On distingue trois formes de mémoire : la *mémoire immédiate* (durée d'une minute, capacité de 7 à 8 items), la *mémoire à court terme* (quelques minutes) et la *mémoire à long terme* (jours, semaines, années). H. Trocmé-Fabre rappelle que :

> « Les étapes de la mémoire : encodage, stockage, rappel et reconnaissance, sont intimement liées au processus de l'apprentissage (prise d'information, traitement et production). Les désordres de l'une vont toujours de pair avec les désordres de l'autre. »[92].

Tout ce qui est répétitif, de l'ordre de la simple reproduction ne constitue pas un environnement favorable à la mémorisation. La répétition sans variation démobilise une partie des neurones d'attention selon les constatations d'Henri Laborit.

2.2.4. Mémoire et images mentales

Lorsque l'on parle de mémoire et de phénomène de mémorisation, on ne peut passer sous silence la notion d'**images mentales** et le rôle qu'elles peuvent avoir dans le *processus de rétention* et de *modification de la perception*.

L'*image mentale* est une sorte d'évocation sensorielle de la réalité, une forme de représentation de la réalité, une projection de la réalité qui survient après la prise d'information ou après l'événement qui va provoquer la formation d'une image mentale. Elle provient d'une *reconstruction* à partir de stimuli d'ordre visuel auditif ou kinesthésique.

Synergie, association, reconstruction d'une part, affectivité, sensorialité et expérience individuelle d'autre part sont les mots-clés expliquant et caractérisant le fait de générer des images mentales. Comme Monsieur Jourdain qui faisait de la prose sans le savoir, nous fonctionnons en permanence à partir d'*images mentales* parce qu'elles sont indispensables à la *structuration de l'identité* de l'individu et qu'elles constituent une aide incontournable pour la rétention des informations. La

92. idem p.74.

madeleine de Proust et les procédés mnémotechniques utilisés par chacun de nous en sont une éclatante illustration.

C'est pourquoi chaque formateur devrait s'appuyer sur cette aptitude naturelle de l'individu et en tirer le meilleur profit pédagogique.

Dans son remarquable ouvrage, *La vive voix*, Ivan Fónagy rappelle que, depuis bien longtemps, la métaphore est associé à la phonation (les poètes le savent bien, eux qui utilisent la magie des sons) :

> « Les sons du langage y apparaissent comme des objets sonores, colorés (clairs ou sombres), grands ou petits, légers ou lourds, minces ou gros, durs ou mous, lisses ou rugueux, secs ou humides (mouillés), transparents ou opaques. On leur assigne souvent un sexe en considérant, par exemple, les voyelles vélaires/a/,/o/,/u/comme mâles, les voyelles antérieures/e/,/i/,/y/,/E/,/oe/comme femelles ; on leur attribue des qualités émotives et morales : certaines voyelles sont vulgaires, d'autres distinguées ou « mignardes » ; telle consonne est ressentie comme efféminée, telle autre comme virile. »[93].

et plus loin :

> « Les rencontres fréquentes du geste vocal et de la métaphore ne sont pas des rencontres fortuites. Des liens étroits et multiples relient les deux. Les performances vocales de caractère gestuel sont interprétées à un niveau préconscient ou inconscient. Elles échappent, par conséquent, à l'analyse conceptuelle consciente. Elles ne sont pas imperméables, toutefois, à l'idéation métaphorique. »[94].

93. I. FONAGY (1983) *La vive voix*, Paris, Payot, p. 57.
94. idem p.206.

PARTIE

3

DES PROPOSITIONS NOUVELLES
POUR L'APPRENTISSAGE D'UNE LANGUE ÉTRANGÈRE

3.1. La notion de paysage sonore

Il revient à Elisabeth Lhote d'avoir proposé une démarche nouvelle en phoné-tique à partir du **concept de paysage sonore**, concept emprunté à R. Murray Schafer. Repenser la trilogie production, perception et compréhension en chan-geant le point de vue de l'observateur, du didacticien, c'est-à-dire en s'intéressant d'abord à l'individu en tant qu'auditeur, voilà un des aspects novateurs proposés par E. Lhote[95]. Cela ne peut pas ne pas évoquer certains principes tirés de la théo-rie de la cybernétique telle qu'elle a été définie par James R. Nord[96] :

> « Le comportement est déterminé non plus par l'environnement mais par l'individu lui-même, attesté système de contrôle auto-organisateur qui génè-re sa propre activité pour contrôler sa propre perception [...] le contrôle de l'acte ne peut appartenir qu'à l'apprenant. Ses performances dans la langue étrangère sont construites à partir de ses attentes des structures langa-gières, elles-mêmes élaborées à partir de ce qu'il a appris par l'écoute. »

Pour Elisabeth Lhote, la maîtrise de la parole s'appuie sur la confrontation des points de vue relatifs à la production d'un locuteur et à la perception/compréhen-sion d'un auditeur. Elle propose alors un *modèle de type systémique* englobant les trois pôles : *production*, *perception* et *compréhension de la parole*.

Dans ce modèle, elle souhaite mêler très étroitement, prendre en compte dans une même problématique ce qui ressortit à l'*analyse phonétique* et ce qui relève du *comportement perceptuel*.

95. E. LHOTE (dir) (1990) *Le paysage sonore d'une langue, le Français*, Buske Verlag.
96. cité par Hélène TROCME-FABRE op. cit. p.110.

Il s'agit de faire en sorte que la stratégie perceptive de l'individu, stratégie déterminée en grande partie par le système phonologique de sa propre langue, soit confrontée à la présentation d'un modèle phonétique afin de développer de nouvelles stratégies de compréhension. Il y a là la volonté de mettre en place une véritable synergie entre les deux domaines phonétique et perceptuel.

L'analyse de l'écoute active de la parole s'appuie sur le constat que le déclenchement de la compréhension peut se produire à partir du moment où la fonction d'ancrage (les mots compris et captés) puis celle de repérage (hypothèses linguistiques permettant de reconstruire tout ou partie de la phrase) ont bien fonctionné[97].

Une analyse phonétique comparée permet, ensuite, de montrer les spécificités des deux systèmes phoniques en présence, et de mettre en évidence les écarts responsables d'une mauvaise compréhension de la production.

Il y a une **relation de polarité** entre ce que nous percevons et ce que nous produisons ; sans apprentissage spécifique nous ne pouvons percevoir que ce que nous sommes capables de produire.

C'est pourquoi l'*analyse de la production* en langue étrangère peut être tout aussi importante que la *connaissance des règles d'un système*.

Cependant, contrairement à d'autres secteurs de la langue, la capacité à **produire** et la capacité à **comprendre** ne sont pas liées de façon aussi évidente qu'on l'a laissé entrevoir pendant des décennies. Pendant longtemps on a laissé croire aux enseignants qu'il suffisait que l'élève entende et donc discrimine un son pour qu'il soit capable de le reproduire. C'est loin d'être vrai et en phonétique il est indispensable de séparer les deux aptitudes, production et perception, dans la relation d'aide mutuelle qu'elles peuvent entretenir, et cela, sans contredire ce qui vient d'être dit quelques lignes plus haut.

Un son, pour ne prendre que cet exemple, ne peut être perçu que s'il peut être produit c'est-à-dire que s'il existe dans la langue maternelle mais ce n'est pas pour autant qu'il y aura réciprocité. Il faudra d'autres phases, dans l'apprentissage, pour qu'un son, qui n'existe pas dans la langue maternelle, puisse être reproduit sans difficulté à partir du moment où il est perçu, c'est-à-dire reconnu dans sa différence et sa spécificité.

3.2. La nature des processus d'émission et de réception de la parole

Les processus d'**émission** et de **réception** de la parole ne sont pas de même nature du fait même que nous ne faisons pas travailler les mêmes masses d'information.

Ce qui est de l'ordre de l'émission est par essence d'une extrême richesse, à chaque seconde nous recevons des dizaines de milliers d'informations que notre système perceptif doit traiter. La **capacité de traitement** est bien inférieure à ce qui nous est envoyé, en conséquence notre oreille se doit de faire une sélection.

97. E. LHOTE (1988), « Trois fonctions-clés dans l'écoute active de la parole » in *Actes du 3° Colloque régional de linguistique, Université de Strasbourg*, p.245-256

Le décodage passe par trois paliers : l'analyse auditive, puis l'analyse phoné-tique, qui permet ensuite d'accéder à l'analyse linguistique, c'est-à-dire à la signi-fication du message, et c'est pour cela que l'écoute de la parole mobilise tout autant les mécanismes sensoriels que les mécanismes cognitifs et linguistiques.

Dans le traitement de l'information reçue par l'oreille, il faut savoir que l'oreille est plus apte à traiter des suites que des éléments isolés car, dans le cas de suites sonores, le cerveau peut plus aisément procéder au stockage de l'informa-tion.

Ce stockage de l'information qui conduit à classer et à ranger les différentes informations sous formes de **structures signifiantes** (cf. E. Lhote) est une des étapes importantes de l'écoute, sans elle rien ne serait possible car le système auditif ne garde que très peu de temps ce qui est de l'ordre du signal sonore. La mémoire doit très vite pouvoir prendre le relais et pour que celle-ci puisse être effi-cace, il est nécessaire que de la mémoire à court terme l'*information* passe à la mémoire à long terme et celle-ci ne jouera pleinement son rôle que si on lui pré-sente l'information de façon suffisamment *structurée* et *significative*.

Comme on le voit donc et pour faire le lien avec ce qui était dit précédemment, l'*audition* est une chose qui peut se faire aussi longtemps et aussi souvent qu'on le voudra, elle restera inefficace si elle n'est pas suivie immédiatement par la *phase de perception* qui, elle, permettra d'extraire l'information et de la canaliser vers l'organe de stockage. Le *stockage* à son tour permettra au temps de faire son tra-vail de maturation et d'*intégration* de l'information sous une forme significative.

Mais cette forme significative ne deviendra une forme et un élément totalement intégré et réutilisable à son tour que lorsqu'il aura été produit donc perçu et compris par d'autres auditeurs, ce qui lui conférera son véritable statut de forme linguistiquement significative, puisque reconnue par d'autres, et soumise en tant que telle au processus émission/réception/compréhension.

Pourquoi dire que la **perception** n'est pas seule suffisante ? Parce qu'il est nécessaire ensuite, après la première étape d'intégration auditive, de conditionner les organes moteurs et de les amener à produire un son, cette production passant par un **déconditionnement** et un **reconditionnement** des **organes moteurs** de la parole.

Ne serait-ce pas là une des difficultés majeures de l'apprentissage de la pro-nonciation qui allie un **savoir conceptuel** à un **fonctionnement musculaire, articulatoire** ?

On ne peut à l'évidence reléguer la phonétique à un simple exercice physique musculaire, articulatoire. On voit bien en analysant le processus de la parole qu'il y a interaction étroite entre les mécanismes conceptuel et perceptuel, synergie significative entre les processus physiologique et intellectuel.

L'enseignement/apprentissage doit construire un appareillage pédagogique qui tienne compte de toutes ces données. La production se fera d'autant plus facile-ment que l'on laissera au cerveau le temps d'intégrer les informations nouvelles.

3.3. La gestualité et le corporel au service de la phonation

De nombreux auteurs à l'heure actuelle soulignent l'étroite dépendance qui existe entre la **gestuelle** et la **phonation** et il semble qu'on ait franchi une étape supplémentaire dans la compréhension de l'organisation du langage.

Commme on a pu le dire pour le rôle joué par l'intonation, le **geste**, lui aussi, **participe** tout entier du **message verbal**, et lui permet d'exister.

Mais pour mieux analyser le phénomène, dans la perspective didactique qui est la nôtre, il vaut mieux faire la distinction entre le **corporel** et le **gestuel**.

3.3.1. Le corporel et la phonation

Au plan pédagogique, on utilisera les **ressources du corps**, ce qui est de l'ordre du **corporel** donc, pour aider la phonation, dans la mesure où le corps y participe, sans ce dernier et le *circuit neuro-musculaire* qui en fait partie nous ne pourrions émettre un son.

On part du fait que les mouvements du corps, les déplacements, le travail musculaire avec ses variations, tension et relâchement, ont un rôle très important à jouer dans l'émission sonore. On se rend compte de l'étroite dépendance des muscles dans l'émission vocale. Le corps entier s'associe dans la production vocale, le mouvement accompagne cette émission.

Que ce soit I. Fónagy qui montre comment la phonation s'appuie sur des bases pulsionnelles ou J. Cosnier, leurs recherches et les perspectives de travail vont dans le même sens, les *organes de la parole* se font l'*écho du corps tout entier* : il y a utilisation conjointe de la fréquence du fondamental et du mouvement corporel[98].

Une observation des mécanismes de la phonation montre la mise en mouvement du corps en situation de parole et l'analogie entre les mouvements des organes phonatoires et ceux du corps tout entier. La posture corporelle est transférée aux organes de la parole ou plus exactement ce sont les organes phonatoires qui ont le rôle en dernier ressort de traduire l'expression.

Il y a association donc entre la **posture corporelle** et la **phonation** et I. Fónagy établit le rapport entre la fréquence des vibrations et le mouvement spatial :

> « Cette interprétation spatiale des changements de fréquence est largement répandue. [...] Cette projection spatiale du ton est justifiée par le fait qu'il est plus facile de produire une note élevée en levant la tête, et une note basse en baissant le menton. »[99]

Si nous préférons utiliser l'adjectif **corporel** à *gestuel* c'est qu'il nous paraît nécessaire d'introduire une distinction entre ce qui est de l'ordre du **conditionnement physiologique** dans l'acte de phonation et ce qui est de l'ordre de *l'interprétation*, ce qui *donne sens à la production verbale*.

---

98. J. COSNIER (1982) « Communications et langages gestuels » in J. Cosnier, A. Berrendonner et C. Orecchioni : *Les voies du langage*, Dunod, pp. 255-304.
99. I. FONAGY (1983) *La vive voix, Essais de psycho-phonétique*, Payot, p. 121.

Au plan de l'enseignement/apprentissage, cela permettra de faire la différence entre ce qui servira à développer la production et ce que l'on réservera plutôt au domaine de la compréhension. Dans un cas comme dans l'autre les procédures pédagogiques seront différentes, les perspectives didactiques également. Cela ne signifie pas qu'il n'y aura pas de passerelles entre ces deux domaines, mais il paraît nécessaire de les analyser séparément pour voir comment elles peuvent se compléter de façon efficiente.

Pour ce qui concerne ce premier plan celui du corporel, examinons les incidences pédagogiques de cet isomorphisme phonique et corporel. Puisque l'on a pu démontrer que des mouvements corporels ont des incidences acoustiques sur la phonation[100] pourquoi ne pas s'en servir à des fins d'appropriation d'un phonétisme nouveau ? Il s'avère tout à fait utile de sensibiliser les apprenants aux caractéristiques du phonétisme du français à travers la *pratique d'exercices corporels simples* leur permettant de ressentir, d'éprouver physiquement les traits pertinents de *tension*, d'*acuité* et de *labialité* qui entrent en jeu dans l'émission sonore du français.

Au plan pédagogique, on soulignera l'importance de travailler sur le corps, pour tenter de lever certaines inhibitions, en évitant, dans un premier temps, la focalisation sur l'appareil buccal. On peut espérer, ensuite, que des exercices de respiration, de relaxation-tension, c'est-à-dire un travail sur la *variation de l'effort musculaire*, permettront de rendre une certaine souplesse à l'appareil phonatoire, en tous les cas de lever les blocages en permettant aux apprenants d' « essayer » d'appréhender de nouvelles mimiques articulatoires.

3.3.2. Gestuelle et phonation

Si nous avons souhaité faire la distinction entre corporel et gestuel c'est dans un souci didactique. Il nous semble utile, tout d'abord, de travailler le corporel pour permettre l'appropriation du système phonique, ce serait le stade phono-corporel (par imitation de l'expression utilisée par G. Calbris phono-gestuel), puis, dans un second temps, passer au stade de la **gestuelle**, c'est-à-dire à l'**étude des gestes** comme **composante de la compétence linguistique et culturelle**, ce serait le stade phono-gestuel dont parle G. Calbris.

Cette expression indique que **parole** et **geste** sont liés dans un même parallélisme ainsi que le souligne G. Calbris :

> « La prosodie et les mouvements du corps (autosynchronisation) s'associent pour donner une forme au texte, lui donner vie, c'est-à-dire le structurer par des segmentations et mises en relief appropriées et enfin l'enrichir par des messages secondaires qui viennent moduler, confirmer, infirmer, compléter le message verbal primaire. »[101]

Des analyses de corpus télévisuels, scientifiquement étayées, viennent corroborer ce fait, ainsi qu'en témoignent celles faites par I. Guaïtella qui affirme :

> « La relation entre intonation et geste n'est pas fondée sur des coïncidences mais bien sur une planification commune de ces canaux d'expression.

---

100. voir aussi C. WUILMART (1972) « Incidences acoustiques de l'attitude et du mouvement corporels sur la phonation » *Revue de Phonétique Appliquée 24*, pp.55-95.
101. G. CALBRIS, L. PORCHER (1989) *Geste et communication*, Coll. LAL, Credif-Hatier, p.184.

[...] L'activité intonogestuelle permet de créer le cadre rythmique et de faciliter l'expression du locuteur par l'utilisation de processus symboliques fondamentaux. »[102]

Mais c'est surtout aux ouvrages de G. Calbris et J. Montredon que l'on doit la plus grande avancée dans le domaine et les apports de leurs recherches en didactique sont nombreuses[103]. Comme le montre Geneviève Calbris, dans son ouvrage : *Geste et Communication*, les fonctions de la gestuelle au plan de la communication sont doubles et complémentaires.

Elles facilitent *le processus énonciatif* au plan *cognitif* et *émotionnel* ; au plan cognitif, soit par un phénomène d'isomorphisme, de mise en parallèle des structures gestuelles et des structures verbales, soit par un phénomène d'anticipation du geste sur l'élément verbal, soit par un maintien de la motricité en absence de visibilité (le téléphone par exemple), soit enfin par une augmentation de la gestualité dans la communication créative[104].

Les implications comme les applications pédagogiques sont d'une haute importance surtout dans le domaine de la **compréhension** de la parole. Travailler sur l'interprétation des gestes est important puisque, comme on l'a souligné, geste et parole sont intimement liés, l'un *renchérissant* l'autre ou le *suppléant* ou le *contredisant*.

Comme on le voit les deux stades, phono-corporel et phono-gestuel se complètent, dans les stratégies d'enseignement/apprentissage, le premier ayant pour tâche d'aider au développement de la production, le second celui de permettre la compréhension de la parole en langue étrangère. Il sera de la plus haute importance que les enseignants soient à même de faire la distinction entre ces deux stades, l'un complétant l'autre mais l'un ne pouvant certainement pas remplacer l'autre. Le fait qu'ils soient menés successivement ou de front n'a pas grande importance en soi, ce qui est important c'est qu'ils existent dans la panoplie méthodologique de l'enseignant et que celui-ci les distingue dans ses objectifs d'enseignement/apprentissage.

3.3.3. Vers une gestuelle de l'énonciation

Notre propos, ici, n'est certes pas de démontrer la validité et encore moins l'utilité d'un travail sur la gestuelle en didactique des langues (d'autres l'ont fait et très bien fait) mais dans la mesure où celle-ci interfère hautement dans le langage, qu'elle y est intimement liée comme nous l'avons déjà dit, force est de nous y attarder quelque peu dans une perspective de didactique de l'oral.

Tout ce qui fait partie de cette composante du langage qu'est l'oral doit être examiné et intégré dans les programmes d'enseignement.

Comme le souligne très justement Louis Porcher :

« La langue elle-même est donc chargée en références gestuelles, à l'oral

---

102. I.GUAITELLA (1991) « Étude des relations entre geste et prosodie à travers leurs fonctions rythmique et symbolique » in *Actes du XIIème Congrès des Sciences Phonétiques Aix* 19-24 août 1991, Vol 3/5, pp.266-269.

103. On signalera, entre autres, le dictionnaire des gestes, un ouvrage de référence extrêmement utile et novateur : Geneviève CALBRIS et Jacques MONTREDON (1986) *Des gestes et des mots pour le dire*, Clé international.
Et en ce qui concerne l'apprentissage de la gestuelle dans la communication le matériel pédagogique le plus complet : G. CALBRIS, J. MONTREDON (1980) *Oh là là !*, Clé International.

104. G. CALBRIS, L. PORCHER (1989) op. cit. p.54.

comme à l'écrit. [...] Les étudier aurait l'énorme avantage de montrer aux élèves que la gestualité n'est pas une réalité physico-culturelle purement extérieure à la communication langagière, mais qu'elle est intégrée de multiples façons. »

et plus loin :

« Comprendre un geste, c'est donc non seulement le percevoir comme objet externe, mais aussi l'interpréter comme intention énonciative, expression propre du gesticulateur, et élément d'une situation globale. [...] On a tendance à annuler (oublier, négliger, ignorer) la nature fondamentalement sémiotique de la gestualité, c'est-à-dire le fait que celle-ci est un système de signification, c'est-à-dire de transmission de message. »[105]

Et dans ce plaidoyer pour la construction d'une gestuelle de l'énonciation (sur le modèle d'une linguistique de l'énonciation), Louis Porcher entrevoit la possibilité de se servir du double concept forgé par Barthes pour l'analyse de l'image, celui de la fonction d'*ancrage* et de *relais*. Comme il le suggère, ce concept peut s'avérer très fécond en didactique des langues étrangères. Dans la *réception de la parole*, le geste peut avoir une *fonction d'ancrage* de la signification du message, c'est-à-dire le traduire en quelque sorte, mais aussi une *fonction de relais* dans la mesure où il peut se *substituer au langage*.

On le constate aisément, cette dynamique ne s'exerce certes pas dans un seul sens, car en réception de la langue étrangère où se trouve la signification, par quoi et par qui est-elle portée ? Est-ce le geste qui donne la signification, qui a cette fonction d'ancrage et de relais de la parole, ou l'inverse ?

En fait le langage fonctionne dans cette double dynamique, ce double mouvement ascendant et descendant si l'on peut dire. Le geste va aider la compréhension, va ancrer la signification et s'inscrire dans un système d'expression de soi, mais il a besoin tout à la fois de la parole pour se faire comprendre et exister en quelque sorte.

« La production d'un geste est une technique du corps, d'une part, du corps comme totalité, d'autre part, de la partie de ce corps la plus directement concernée par le geste considéré. Elle relève donc à la fois d'un mouvement externe et d'une sensibilité interne, d'un mouvement à faire et d'une perception corporelle intime. »[106]

C'est bien dans cette dynamique que doit s'installer la **didactique de la gestualité**, c'est-à-dire proposer aux enseignants une méthodologie qui tienne compte de cette triple réalité. Pour qu'il y ait communication, c'est-à-dire parole exprimant une signification comprise par un autre, il faut faire en sorte que la méthodologie prenne en compte séparément d'abord, puis simultanément ensuite : chaque *élément* de la chaîne sonore (plan segmental), l'*enveloppe* de la substance sonore (plan suprasegmental, schémas intonatifs) et la *corporéité*, l'attitude corporelle et gestuelle.

Encore une fois, il me paraît nécessaire d'insister sur la notion d'objectifs en ce qui concerne l'enseignement (en tant qu'apprentissage, pour reprendre la formule

105. G. CALBRIS, L. PORCHER op. cit., p.20 et p.39
106. G. CALBRIS, L. PORCHER op. cit., p.37.

de Louis Porcher). Il n'y a pas à faire de la gestuelle pour faire de la gestuelle, c'est-à-dire à s'interroger généralement sur les gestes et leur signification, ou à faire de la phonétique pour connaître le fonctionnement du langage en général, ce n'est pas le propos de la didactique des langues. Même si celle-ci est à même de fournir des connaissances ignorées jusque là de ses utilisateurs, ce n'est certes pas son but premier.

Elle est là pour fournir, aux apprenants, les moyens de continuer à progresser dans le domaine de la communication, à l'aide d'outils que les enseignants leur auront donnés, et ces outils sont, d'abord et avant tout, les éléments culturels et linguistiques qui manquent pour pénétrer dans l'univers de l'autre.

Il s'avère donc indispensable de donner aux enseignants la possibilité de travailler sur la communication orale dans sa globalité, c'est-à-dire en utilisant les trois niveaux que nous venons de mentionner, avec la panoplie méthodologique et pédagogique adéquate à chacun de ces trois niveaux. En ce qui concerne l'enseignement de la gestuelle, il faut bien séparer dans les objectifs d'enseignement, ce qui relève de la simple réception de ce qui ressortit à des problèmes de production et ce, sans oublier la notion même de progression.

Dans un premier temps et pour des débutants, il s'avère plus profitable de ne travailler que sur la **réception** et les problèmes liés à la *signification* et à l'*interprétation* de cette *expression gestuelle* des locuteurs par rapport à la culture cible.

On pourra envisager, dans un deuxième temps, plus tard dans l'apprentissage (peut-être jamais dans certaines situations d'enseignement/apprentissage), tout ce qui concernera l'appropriation d'une certaine gestualité mais avec des objectifs d'apprentissage tout à fait finalisés.

Pourquoi ne pas travailler autant la production que la réception ? Cela, pour au moins deux raisons : une question de priorité et donc de « survie » tout d'abord. Il est important de donner aux apprenants le plus vite possible des « bouées de sauvetage » en ce qui concerne la compréhension et on s'en tiendra, alors, au seul développement de cette aptitude (en y incluant l'étude de la gestuelle puisque celle-ci en fait partie).

La deuxième raison concerne le rapport de l'individu avec son identité culturelle : demander aux élèves de s'approprier des gestes avec lesquels ils ne sont pas familiarisés demande réflexion. Tout dépend, bien entendu, de la situation d'enseignement/apprentissage, mais ne risquons-nous pas des blocages, une certaine inhibition si nous voulons à tout prix obliger les apprenants à singer un français, à utiliser le geste comme moyen d'expression à l'instar d'un natif.

Cela peut se trouver en contradiction avec leur sensibilité interne et leur appréhension du monde. Aussi vaut-il mieux rester prudent dans l'utilisation de gestes à reproduire. Si nous souhaitons utiliser le geste, donnons-lui alors une fonction ludique ou créative, donnons-lui un cadre et un objectif délibérément pédagogiques et c'est ce qui nous permet d'aborder maintenant le théâtre et la représentation mentale dans l'acquisition de la langue.

3.4. Des pratiques théâtrales et des représentations mentales

Des expériences sont menées ici et là pour intégrer les **pratiques théâtrales** au processus d'acquisition de la langue étrangère[107]. Ces pratiques ont le double avantage de relier les trois plans, phonique, prosodique et gestuel (le gestuel englobant ce que nous avons nommé le phono-corporel et le phono-gestuel) et de les placer en constante synergie les uns par rapport aux autres.

Les *mouvements du corps*, les déplacements dans l'espace peuvent permettre de délier les organes phonatoires, de leur rendre une certaine souplesse et contribuer ainsi à une meilleure production langagière.

Par ailleurs, *les gestes* vont jouer leur rôle d'ancrage et de relais (comme suggéré plus haut) à la fois dans le processus de mémorisation mais aussi dans le processus d'appropriation pour traduire, renforcer, suppléer l'expression lorsque celle-ci deviendra objectif d'enseignement.

Il n'est pas nécessaire de souligner ici, dans les situations d'apprentissage, le rôle éminemment fructueux du *jeu de rôle* et de la *simulation*, ni de revenir sur la motivation maintes fois démontrée que peut procurer le fait d'être un autre, de faire rire sur un autre, d'imiter l'autre, etc..

> « Les techniques pédagogiques faisant intervenir la danse, le mime, les jeux et l'intégration de la gestuelle au langage (et inversement) sont des auxiliaires pédagogiques puissants [...]. Elles permettent à la motricité de jouer pleinement son rôle et s'appuient sur la réalité cérébrale, tenant compte d'une synesthésie valable non seulement pour l'enfant mais aussi pour l'adulte ; la synesthésie et l'associativité sont l'une et l'autre la base de nos fonctions cérébrales. »[108]

Ainsi donc, il n'est pas vain non plus de faire appel à ce que l'on nomme une **représentation mentale** de la réalité, de faire fonctionner le principe d'associativité et de mise en relation. Certaines activités peuvent servir à associer le son, ou une suite de sons (et le terme est pris ici dans son sens le plus trivial, envisagé au sens même de bruit) à une image, c'est ce que nous appellerons faire naître chez l'apprenant une **représentation mentale du son**[109]. Le son devient alors une entité en elle-même qui a une vie propre et qui pourrait avoir une couleur, une odeur, une forme ou une texture éventuellement, tout dépendra du mode de perception que peut avoir l'individu.

107. On fait expressément référence d'une part, à l'article de R. Llorca qui explique une forme de jeu théâtral baptisé « Théâtre rythmique » permettant d'orchestrer parole et actions (Le Français dans le Monde, janvier 1993), et d'autre part aux expériences de l'atelier-théâtre conduites par Véronique Mazarguil, enseignante à l'Alliance Française ; expériences dont parle Myrtha LIBERMAN dans un article : « Techniques théâtrales et formation » in *Des formations en français langue étrangère*, numéro spécial Le Français dans le Monde, août-septembre 1992, pp.144-151.

108. H. TROCME-FABRE (1987) op. cit. p.146

109. Pour illustrer nos propos, nous renvoyons à une activité extraite d'un matériel pédagogique : Massia KANEMAN-POUGATCH, E. PEDOYA-GUIMBRETIERE, (1989) *Plaisir des sons, Phonétique du français*, Hatier/Didier/Alliance française.

Dans ce matériel, la partie « Images » doit permettre de mettre en place ces représentations mentales et est expliquée aux enseignants, en ces termes, : « un son n'est pas qu'une entité abstraite, répertoriée, décrite et classée. Pour nous, il est vivant, il prend place dans notre corps, anime des objets, se glisse dans la nature, rappelle des souvenirs. » p.9.

Pour celui-ci, la manière de se représenter le son va être déterminé par son **mode d'appréhension** du monde, c'est-à-dire de la *modalité sensorielle* que l'individu utilise de préférence, modalité *auditive, visuelle* ou *kinesthésique*[110]. C'est en mettant l'élève en situation d'éprouver, de ressentir, puis en l'écoutant attentivement que l'on peut lui faire prendre conscience du mode d'appréhension qui lui est le plus naturel, avec lequel il se sent le plus familier.

« En d'autres termes : rendre l'apprenant conscient de ses propres ressources, sa gestion, les stratégies qu'il utilise et celles qu'il évite, les conditions de fonctionnement qu'il impose à son cerveau. »[111]

3.5. Mettre en place des stratégies de compréhension

3.5.1. Priorité au sens ou priorité à la forme ?

Toutes les recherches à l'heure actuelle vont dans le même sens, que ce soient celles des psycholinguistes ou des psychoacousticiens, ou même des neuropédagogues (ou neurolinguistes) : dans le **processus de compréhension orale**, l'individu cherche à **reconstruire le sens du message** auquel son écoute est soumise.

On a pu recenser deux types de démarches, la première donne priorité aux formes c'est-à-dire que l'auditeur s'attache à retrouver dans le message ce qu'il peut reconnaître des *formes sonores* ; il procède par discrimination des éléments de la chaîne parlée et les compare à ceux qu'il a en mémoire pour donner une interprétation du message.

Comme le constatent M.J. Gremmo et H. Holec, avec cette démarche :

« la signification se transmet en sens unique, du texte à l'auditeur. [...] le processus est orienté vers une réception, une thésaurisation de l'information. »[112]

La deuxième démarche est en soi différente puisqu'elle se fonde sur *l'anticipation* et *la construction d'hypothèses*. Autant la première est de type sémasiologique (de la forme au sens) autant celle-ci est de type onomasiologique (du sens à la forme) et est une construction du paysage sonore (pour reprendre l'expression d'E. Lhote). On peut dire que cette *perception active* de l'auditeur agit à différents niveaux et sur différents plans.

Il peut y avoir préconstruction du message avec émission d'hypothèses à partir de l'environnement sonore (par exemple les bruits dans lesquels se trouve le

---

110. La terminologie s'inspire des stratégies de la P.N.L. (Programmation Neuro-Linguistique), qui est une technique de communication utilisée en formation et en thérapie, cf. E. MARC (1988) *Guide pratique des nouvelles thérapies*, Retz.

111. H. TROCME-FABRE (1987) op. cit. p.136

112. M.J. GREMMO, H. HOLEC (1990) « La compréhension orale : un processus et un comportement » in *Acquisition et utilisation d'une langue étrangère. L'approche cognitive*, Le Français dans le Monde, Recherches et applications, Hachette.

message) mais aussi à partir d'observations ou de souvenirs. Ces hypothèses vont donc porter sur le *contenu sémantique* en relation avec les *structures formelles*. Ce qui est le plus important c'est la façon d'opérer qui est diamétralement opposée à la démarche précédente.

Autant la première opérait de façon linéaire et exhaustive autant celle-ci opère par coups de sonde lors du déroulement du message. Cette manière de faire va permettre à l'auditeur d'infirmer ou de confirmer les hypothèses qu'il a élaborées, c'est-à-dire de construire et de reconstruire le message selon les résultats obtenus.

Ces hypothèses interrogent les plans phonétique et syntaxique afin de mettre en relation simultanément la forme et le sens, le signifié et le signifiant. M.J.Gremmo et H. Holec soulignent alors le processus créateur en jeu dans cette démarche :

« Le processus de prévision-vérification a pour corollaire qu'il n'y a pas circulation de la signification du message du texte à l'auditeur, mais que cette signification se construit par une interaction entre l'information apportée par l'auditeur et l'information donnée par le texte. »[113].

Les démarches ainsi décrites montrent de façon éclatante la complexité du processus de compréhension, surtout lorsqu'on connaît la diversité infinie de l'oral et que l'on se rappelle la nature même du message oral par définition fugace, on comprend alors d'autant plus aisément les difficultés rencontrées par les apprenants d'une langue étrangère. On est loin de la sécurité qu'offre le support écrit, pour lequel il est plus aisé de prévoir des stratégies d'approche, de compréhension globale telles celles qui nous sont proposées par Francine Cicurel[114].

Dans le processus de compréhension qui vient d'être décrit, il nous faut savoir que ce qui est *inné* pour un natif doit être *appris* ou plutôt *transféré* par l'apprenant (car l'habitude existe bien entendu en langue maternelle mais bizarrement n'est que très rarement transférée de manière automatique en situation d'apprentissage d'une langue étrangère).

Le rôle des enseignants est ici fondamental : faire **prendre conscience** aux apprenants de **leur stratégie d'écoute** (à partir de la description des deux démarches, car celles-ci co-existent chez chaque individu) et les amener à transférer leurs habitudes en L2 ; ensuite, faire expliciter les stratégies de compensation utilisées puisqu'ils ne sont pas toujours capables – tout dépend de leur niveau de compétence linguistique – de recourir à la consultation des formes stockées en mémoire, pour les comparer.

En ce qui concerne les stratégies d'enseignement/apprentissage à mettre en œuvre, elles doivent répondre à plusieurs critères : prise de conscience des stratégies individuelles d'écoute, repérage et prise en compte d'indices sonores indispensables pour canaliser l'écoute vers le potentiel linguistique stocké et mémorisé, propositions d'activités variées qui ont toutes pour objectif de développer chez l'apprenant l'aptitude à préconstruire, à construire ou à reconstruire un message en utilisant un potentiel toujours croissant de savoirs et de savoir-faire.

Les savoirs devront se situer à différents niveaux : linguistiques c'est-à-dire phonémique, prosodique, syntaxique mais aussi et surtout culturels comme le

113. idem p.
114. F. CICUREL (1991), *Lectures interactives en langue étrangère*, Coll. F autoformation, Hachette.

soulignent fort justement M.J. Gremmo et H. Holec, savoirs qui seront mis en œuvre dans des situations données et qui permettront alors d'illustrer un certain nombre de savoir-faire à acquérir ou en cours d'acquisition[115]. Ces mêmes auteurs insistent un peu plus loin sur la spécificité de la compréhension qui :

> « n'est pas dire, encore moins prononcer. Comprendre, c'est construire du sens, et non des formes linguistiques. Bien comprendre dépend de connaissances variées parmi lesquelles la connaissance des formes linguistiques ne figure pas seule. [...] Comprendre n'est ni antérieur ni postérieur à dire. Comprendre est différent. »[116]

Ces réflexions sur l'activité de compréhension peuvent être rapprochées des principes du modèle cybernétique, appliqué à l'enseignement des langues tel qu'il nous l'est rapporté par H. Trocmé-Fabre. Ce modèle apporte un cadre nouveau et de nouvelles bases à l'acte de compréhension et d'expression :

> « Le comportement est déterminé non plus par l'environnement mais par l'individu lui-même, attesté système de contrôle auto-organisateur qui génère sa propre activité pour contrôler sa propre perception. [...] le contrôle de l'acte ne peut désormais appartenir qu'à l'apprenant. Ses performances dans la langue étrangère sont construites à partir de ses attentes des structures langagières, elles-mêmes élaborées à partir de ce qu'il a appris par l'écoute. [...] L'apprentissage devient celui de la perception, et le rôle du formateur est d'élargir le champ perceptif de l'apprenant. »[117]

Comme on peut le constater, ce qui vient d'être décrit incite fortement à donner la *prédominance au sens sur la forme* et à faire de *l'apprenant* le moteur, le centre, le pivot, en un mot, *l'acteur du processus d'apprentissage*. On pourrait dire « il était temps » et de songer, non sans quelque ironie à la fameuse « centration sur l'apprenant », héritée du monde anglo-saxon, et qui n'a jamais, en réalité, été suivie de réels effets au plan pédagogique.

3.5.2. Priorité à l'enveloppe sonore

Cependant un consensus sur ces principes n'est pas toujours aussi évident à mettre en œuvre dans la pratique pédagogique et il peut être intéressant de mettre en regard les travaux et les expériences faites par Régine Llorca qui, sans être diamétralement opposés, proposent une démarche différente et s'éloignent quelque peu de cette priorité donnée au sens dans les activités de mémorisation.

Celle-ci cherche à utiliser la **mémoire musicale** pour développer le processus de compréhension dans la langue étrangère. Elle préfère mettre les apprenants en situation de *retenir le souvenir sonore* même si cela doit se faire au *détriment de la signification*. Elle insiste sur le fait que très souvent les apprenants ne mémorisent

115. Des exemples d'activités illustrant ces principes se trouvent dans des ouvrages pédagogiques spécialisés : *Écoute... Écoute* : objectif comprendre, Crapel, Didier.
Dans *Paroles*, (Didier/Hatier) on retrouve la sensibilisation aux indices sonores comme l'illustrent par exemple les consignes : (Livre du professeur p.11, document 1)
1. Faites repérer les bruits entendus pour faire deviner dans quel endroit on peut entendre ces annonces.
2. Avant de leur faire entendre les annonces, demandez aux élèves ce que contiennent les annonces de gare ou d'aéroport (noms de villes, heures, chiffres se rapportant aux quais etc.).
116. M.J. GREMMO, H. HOLEC, op. cit.
117. H. TROCME-FABRE, op. cit. p.110, 111.

pas la forme sonore mais reconstruisent la production à partir de structures signifiantes repérées à l'écoute.

Comme on le sait, la *substance sonore d'une séquence* possède une *architecture* qui lui est propre et qui dépend des unités verbales choisies, le locuteur qui produit cette séquence est le maître d'œuvre de l'organisation prosodique que l'auditeur aura à comprendre. Nous rejoignons Régine Llorca lorsqu'elle affirme :

> « la forme phonétique et prosodique d'une séquence est donc directement dépendante des conditions de sa production et des caractéristiques d'élocution du sujet parlant (même si des facteurs phonologiques et syntaxiques déterminent des constantes sous-jacentes). La même phrase peut donner lieu à des milliers de réalisations différentes et chacune d'elle constitue une forme sonore unique. »[118]

En conséquence, il devient nécessaire de proposer à l'auditeur une *mémorisation* qui englobe, en un même souvenir, l'ensemble constitué par l'*image sonore* et l'*unité morpho-syntaxique*.

Cela signifie : faire en sorte que l'auditeur ne dissocie pas les unités linguistiques du moule sonore dans lequel elles sont nées, l'empêcher d'opérer un décodage linéaire (tel que le montrait le modèle de type sémasiologique décrit par M.J. Gremmo et H. Holec op. cit.) parce que ce décodage peut conduire à ne pas entendre et donc à tronquer les séquences, en éliminant des éléments indispensables à la compréhension ; ne serait-ce que parce que le défilement de la parole est trop rapide pour un auditeur non natif qui doit simultanément reconnaître et vérifier ce qu'il entend.

Il est en effet très important de rendre à l'**image sonore** tout son potentiel évocateur et donc d'utiliser ce que l'on a décrit précédemment sur la représentation mentale des sons ou une séquence de sons. L'attitude qui consiste à transformer systématiquement en *structures abstraites*, c'est-à-dire, en fait, à *réduire* la langue aux seuls éléments verbaux, mais *sans épaisseur sonore*, doit être combattue, car même encore actuellement cette tendance subsiste chez les formés encouragés en cela par certains formateurs.

Méthodologiquement, cela revient à une question d'ordre et de priorité dans le travail à proposer.

Il faut travailler tout d'abord sur la forme sonore et seulement sur elle, c'est-à-dire faire en sorte que s'*imprime la musique de la langue*, les *mouvements mélodiques*, les *liens* et *enchaînements phonémiques* tels qu'ils ont été produits par le locuteur dans la situation donnée.

Pour compenser l'impossibilité d'anticiper la production sonore par manque de compétences linguistiques suffisantes, il vaut mieux, d'une part, entraîner l'auditeur non natif à enregistrer des formes sonores afin qu'il possède le maximum d'informations acoustiques, cela signifie donc, le *confronter à des échantillons sonores* aussi *variés* que possible et, d'autre part, il faut développer chez lui la faculté de revenir en arrière, d'*effectuer* un *décodage regressif ou rétroactif*.

En fait le réflexe perceptif permettant le décodage de tout énoncé doit tout simplement s'effectuer à l'inverse de celui de l'émission sonore, et dans ce processus

---

118. R. LLORCA (1992) « Le rôle de la mémoire musicale dans la perception d'une langue étrangère » in *Revue de Phonétique Appliquée*, *n°102*, pp.45-67.

on imagine le rôle éminemment important de la mémoire dans toutes ses composantes, y compris et surtout sensorielle.

Certains auteurs, comme R. Llorca, citée plus haut, préconise de s'appuyer et d'encourager « l'oreille innocente » :

« Il s'agit d'entendre les productions dans leur unicité sonore, sans conditionner l'écoute par des connaissances antérieures sur la langue ou par ce qu'on croit pouvoir deviner d'après les éléments déjà compris. ». Plus loin, elle insiste : « mémoriser la séquence de sons avant d'avoir accès à son interprétation linguistique. »[119].

Évidemment cette position a l'avantage, à travers les procédés pédagogiques proposés, de donner une meilleure aisance face aux variations de l'oral, face aux multiples contextes et situations d'emploi et s'appuie sur le fait que l'appropriation des faits prosodiques d'une langue semble plus facilement correspondre à une mémorisation d'ordre sensoriel et moins à une réflexion d'ordre cognitif ou théorique.

Autant M.J. Gremmo et H. Holec incitaient l'auditeur non natif à valoriser la signification du message, à s'appuyer sur le sens, à rechercher la signification dans un décodage éclaté, autant R. Llorca, elle, privilégie, d'abord et avant tout, la forme sonore quitte à mémoriser des formes sonores vides de sens dans certains cas.

Il est possible de réconcilier ces deux positions qui, apparemment, s'opposent tout en partant d'un même constat : l'impossibilité ou la difficulté pour un locuteur non natif de comprendre les productions langagières d'un natif, surtout s'il procède à un décodage linéaire du message. Pourquoi une position devrait-elle obligatoirement écarter l'autre ? Il nous semble au contraire que ces deux attitudes doivent coexister, c'est-à-dire être utilisées alternativement pour favoriser chez l'auditeur des attentes et des écoutes perceptives nouvelles mais toujours plus performantes.

Dire que la forme sonore n'a pas d'importance dans le décodage d'un message ne nous paraît pas très réaliste ; n'est-elle pas en elle-même porteuse d'une grande partie de la signification comme nous nous sommes efforcée de le démontrer jusqu'ici ?

Il y a donc tout un travail spécifique à entreprendre concernant la mémorisation de la forme sonore et, en cela, les propositions de R. Llorca nous paraissent judicieuses et dignes d'attention et d'intérêt.

Ces propositions rejoignent d'ailleurs l'analyse d'une activité pédagogique élaborée dans les mêmes perspectives et présentée dans un article concernant certaines réflexions méthodologiques sur l'appropriation des données prosodiques de la langue[120]. L'activité dont il est question, demande à l'apprenant d'écouter une phrase et de repérer combien de fois apparaît le son étudié. Simultanément et/ou successivement (cela dépend des stratégies de l'apprenant), il doit indiquer à quels endroits de la chaîne sonore se situent les sons repérés. Une telle activité permet à l'apprenant de faire fonctionner sa mémoire et d'opérer un mouvement rétroactif pour effectuer les repérages demandés. La compréhension des mots

---

119. idem p.54, 55.
120. E. GUIMBRETIERE (1991) Prosodie et didactique in *Relief*, Toronto, pp.26-34.

n'est pas nécessaire, bien au contraire, il vaut mieux que l'apprenant s'applique à localiser le son et non qu'il cherche à déterminer la signification de ce qu'il entend.

La *schématisation mélodique* proposée a deux fonctions : d'une part, aider l'élève à localiser le son et à visualiser la mélodie pour une meilleure appropriation des schémas intonatifs de base du français (la mélodie est vraiment schématisée) et d'autre part, conjuguer deux modes distincts, dans l'appréhension des phénomènes, qui se fera à travers l'*audition* et la *visualisation*[121].

3.6.   Quelques principes méthodologiques pour l'élaboration d'un programme d'enseignement

Comme on le constate, dans la mention des activités pédagogiques et la description de leurs fondements théoriques, il nous paraît irréaliste de vouloir séparer acquisition du système phonique et ce que l'on nomme traditionnellement pédagogie de l'oral, qui consiste bien souvent à travailler la compréhension et la production d'éléments lexicaux, grammaticaux ou de constructions syntaxiques, sans se préoccuper le moins du monde de leur forme sonore.

Où se situe la différence alors entre le plan de l'écrit et celui de l'oral ? Qu'est-ce que de « l'oral » ? Si ce n'est conjointement des éléments verbaux et leur forme sonore ? Que vaut un mot s'il n'est pas prononcé comme il se doit ? Que comprendre d'une séquence si la forme sonore n'est pas capable de rendre compte de sa signification ?

Une réflexion sur l'élaboration d'un programme sur l'oral demande que l'on s'appuie, tout d'abord, sur des principes s'appliquant à l'ensemble de la production orale, c'est-à-dire à partir du moment où le son est émis par l'organe phonatoire jusqu'à son émission en tant que message. Pour être exécuté cela requiert savoirs et savoir-faire, tout un programme qui comporte des **savoirs** :

au plan phonologique : connaissance du système phonique de la langue cible et apprentissage des sons nouveaux

au plan prosodique : connaissance des schémas mélodiques de base, des procédés de segmentation, de mise en valeur, d'expressivité, de hiérarchisation de l'information

au plan morpho-syntaxique : connaissance des règles grammaticales liées au fonctionnement de la langue

au plan lexical : connaissance des mots et de leur signification selon les différents emplois

au plan culturel : connaissance du comportement et des attitudes des locuteurs de la langue cible

Ces différents plans font partie de la langue et en tant que tels vont permettre de développer des **savoir-faire communicatifs** correspondants. C'est de ces

121. M. KANEMAN-POUGATCH, E. PEDOYA-GUIMBRETIERE (1989) *Plaisir des sons, Phonétique du français*, Hatier-Didier Alliance Française. L'activité analysée se trouve dans la partie Écoute, généralement à la fin, la schématisation rythmico-mélodique des énoncés à écouter se trouve dans le cahier de l'élève et non dans le livre du professeur.

différents plans que se sert le locuteur pour réaliser une intention langagière ou communicative, c'est ces différents plans également que l'apprenant utilisera pour finaliser et rendre fonctionnels les différents savoirs qu'on lui enseigne.

Ces plans donnent lieu, en outre, à des domaines de compétences spécifiques et à des spécialisations pour les didacticiens. En ce qui concerne les enseignants, ceux-ci doivent être capables de transmettre et de diffuser les différents savoirs et savoir-faire ; comme ils ne peuvent tout connaître, aux didacticiens de leur apporter les éléments essentiels. C'est comme si nous leur proposions un menu à partir de plats que nous avons confectionnés, ou bien un plat à partir des ingrédients que nous avons sélectionnés dans la masse des produits que la nature nous offre. En fonction de la saison, du pays, donc des possibilités de cultures, de la façon de les accommoder nous suggérons une sélection de produits et une façon de les accommoder, mais, et c'est l'essentiel, ce sera l'enseignant qui en dernier ressort devra fabriquer le plat, sur les indications suggérées ou comme bon lui semble car lui seul connaît les conditions réelles dans lesquelles il va exécuter la prestation.

Cette métaphore ne nous fait pas dévier de notre propos car c'est bien ainsi qu'il faut concevoir les relations entre les différents spécialistes, les différents domaines, ceux qui conçoivent et ceux qui exécutent, les théoriciens et les praticiens, en ayant bien à l'esprit qu'il n'y a pas de dichotomie à opérer, que les différents acteurs du champ doivent être en constante interaction.

Pour en revenir à l'oral, on peut aisément sélectionner les plans qui seront plus spécifiquement à l'œuvre et prioritaires dans l'enseignement, c'est-à-dire les plans phonologique, prosodique et culturel en mêlant étroitement les savoirs et les savoir-faire correspondants. Cela ne veut pas dire que les autres plans ne sont pas concernés mais ils ne sont pas spécifiques au domaine de l'oral et seront exploités aussi pour développer d'autres aptitudes. M.J. Gremmo et H. Holec soulignent fort justement la spécificité de la situation d'enseignement/apprentissage en ce qui concerne la compréhension orale :

> « Il faut donc envisager un enseignement/apprentissage spécialisé par aptitude, qui tienne compte de cette spécificité [...].Il marque la nécessité d'avoir une approche différenciée : l'approche méthodologique pour la compréhension orale doit tenir compte des caractéristiques de cette dernière, dont certaines lui sont totalement spécifiques. Cependant certains points, notamment en termes de savoir, peuvent être abordés sans référence précise à une aptitude donnée. Ainsi les apprenants peuvent acquérir certaines connaissances référentielles qui ne relèvent pas nécessairement de cette aptitude. »[122]

et pour chacune des aptitudes on pourra tenir le même raisonnement.

Il s'avère donc nécessaire de tenir compte à la fois de la **spécialisation** des activités en fonction des aptitudes que l'on cherche à développer mais en même temps de ne pas oublier l'étroite **imbrication** qui existe entre les quatre aptitudes (qui sont compréhension et expression orales, compréhension et expression écrites), les unes servant les autres dans l'accumulation des différents savoirs et la construction progressive des divers savoir-faire.

---

122. M.J.GREMMO, H. HOLEC op. cit.

3.6.1. Le choix des supports

Il serait inconcevable d'aller plus loin dans notre propos sans nous arrêter un instant sur les supports capables de fournir la matière première des savoirs et des savoir-faire relevant de l'oral. Tout ce qui a été dit précédemment nous invite à fournir à l'apprenant des échantillons de langue orale aussi variées que possible. Ceci, afin de le confronter à la parole en situation, lui permettant de développer, d'abord, une compétence de compréhension et lui fournissant, à la suite, des énoncés de référence pour élaborer sa propre production, comme nous invite à le faire Eddy Roulet :

> « La pédagogie de l'oral doit partir de documents authentiques illustrant différents types d'interactions orales, différentes stratégies, différents schémas discursifs »[123]

On parle beaucoup en didactique, comme ailleurs, de *typologie* : il semble que quelques-uns d'entre nous soient envahis par la fièvre de la catégorisation, de la typologisation. Cela sans doute a son utilité, peut fonctionner comme un garde-fou, et nous permettre d'effectuer des classements sécurisants pour certains, face à la prolifération de l'utilisation de documents authentiques écrits ou oraux, dans les classes, ainsi que le souligne Daniel Coste :

> « Les différents ordres de classements, tous insuffisants sous quelque aspect, servent avant tout à doter les apprenants, qui sont aussi des usagers, d'un ensemble d'outils heuristiques à même, non pas de catégoriser de manière exhaustive et cohérente la prolifération des textes, mais bien de procéder à une reconnaissance de cette prolifération, à une mise en évidence de la diversification et de l'hétérogénéité qui la constituent ; »[124]

Il est fait mention, ici, des apprenants, mais ces propos nous paraissent pouvoir s'appliquer tout autant aux enseignants pour lesquels des critères de classement sont nécessaires lorsqu'il s'agit de sélectionner des documents écrits ou oraux. Etant donné qu'il est maintenant courant de faire entrer dans la classe des écrits ou des oraux ordinaires, qui font partie de notre quotidien, il est devenu indispensable de donner aux enseignants les moyens d'opérer un classement d'ordre pédagogiquement fonctionnel.

Est-il nécessaire de recourir à une typologisation savante comme l'appelle Daniel Coste, cela demande réflexion, d'autant plus que les avis et la terminologie des spécialistes divergent selon les positions théoriques qu'ils peuvent avoir[125].

Encore une fois, c'est moins la catégorisation pour la catégorisation qui est importante, que de trouver des régularités sociopragmatiques (pour reprendre l'expression de Daniel Coste) permettant, de doter les enseignants de critères de classement pour rassembler les documents qui se « ressemblent ».

Se **ressembler** peut prendre plusieurs visages et, dans la perspective qui est la nôtre, signifie en *permettre* une *exploitation pédagogique identique*. Il suffit de définir des entrées pour une grille de classement des documents sonores qui

123. E. ROULET (1991) « La pédagogie de l'oral en question (s) » in *Parole étouffée, parole libérée*, Delachaux et Niestlé, p.51.

124. D. COSTE (1991) « Genres de textes et modes discursifs dans l'enseignement/apprentissage des langues » in *Études de Linguistique Appliquée, n°83*, p.88.

125. Il suffit à ce propos de lire le numéro des *Études de Linguistique Appliquée n° 83*, dirigé par Daniel Coste et intitulé : Textes, discours, types et genres.

tiennent compte, à la fois, de la nature du document lui-même, mais aussi et surtout, de l'intérêt pédagogique qu'il peut susciter pour les élèves, dans une véritable visée communicative.

Il nous paraît important de déterminer en premier lieu d'où vient la parole produite, c'est-à-dire le statut que va avoir cet oral, car le lieu d'où est émis la parole en déterminera la forme linguistique. En reprenant ce qui a déjà été proposé ici ou là sur le sujet et en rappelant que Jean Peytard fut l'un des premiers à proposer des invariants pour une typologie des messages oraux[126], nous déterminerons des **entrées possibles** pour notre grille de classement :
- s'agit-il d'un échange ou non ?
- en face à face ou à travers un canal ?
- de type médiatique ou non ?
- d'ordre public ou d'ordre privé ?

À partir de ces entrées que nous allons croiser, nous pouvons obtenir des échantillons de langue orale suffisamment diversifiés pour permettre un travail sur la langue le plus proche possible de la réalité langagière.

Il importe également de ne pas négliger l'aspect des variantes, régionale et sociologique, dans le choix des locuteurs qui interviendront dans les documents sonores[127].

3.6.2. Contenu d'un programme minimum pour l'enseignement de la prononciation.

Nous allons définir maintenant le **contenu minimal** à mettre en œuvre dans tout programme d'enseignement qui porte sur l'acquisition d'une compétence langagière. L'objectif pour les enseignants qui ont pris connaissance de tout ce qui a précédé est de déterminer, en fonction de leur public (niveaux et objectifs) et de leur situation d'enseignement, les **notions de base** à transmettre ainsi que les savoir-faire qui en découlent, afin de développer chez les élèves leur aptitude à s'exprimer en langue étrangère. Les notions doivent être abordées avec les apprenants de manière finalisée.

- **La syllabe** :
Partir de cette notion va permettre de travailler, d'une part, le **rythme**, l'**accentuation de base** avec la pratique de schémas mélodiques progressivement montants et progressivement descendants et, d'autre part, la notion de **structure syllabique** permettant d'aborder, par la suite, les règles de prononciation.

- **L'alphabet phonétique** :
En fonction de la constitution du groupe, hétérogène ou homogène, on procédera différemment. S'il y a **homogénéité**, le travail sur l'acquisition des phonèmes vocaliques et consonantiques se fera en fonction de la comparaison des deux systèmes phoniques et la priorité sera donnée aux plus grosses difficultés (par exemple : le/r/pour les anglophones vs le/z/ou le/b/v/pour les hispanophones). La notion de difficulté est en elle-même très subjective : elle se rapporte en fait à

126. J. PEYTARD (1971) « Pour une typologie des messages oraux » in *La grammaire du Français parlé*, Coll F, Hachette, pp.161-176.
127. Ce sont ces critères qui nous ont guidée dans le choix des documents sonores du matériel pédagogique pour l'entraînement à la compréhension et à l'expression orales : *Paroles*, Didier, 1992.

une difficulté de se faire comprendre et de communiquer ; elle résulte des *phonèmes absents* d'un système ou de ceux dont la *réalisation est très différente* dans les deux langues ; cette absence ou cette différence rendent souvent les productions des élèves incompréhensibles. S'il y a **hétérogénéité**, on pourra procéder, en premier lieu, à un apprentissage pour certains élèves, et à une mise au point pour les autres, des *phonèmes vocaliques du système français*, les phonèmes consonantiques demandant un traitement plus individualisé selon les groupes linguistiques et dans ce cas, un travail en autonomie et en petits groupes semble recommandé.

- **La cohésion à l'intérieur d'un groupe rythmique** :

cette notion permet d'aborder la **segmentation** en fonction de l'organisation syntaxico-sémantique des énoncés et les phénomènes de **liaison** et **d'enchaînement** qui s'y rattachent.

Il sera nécessaire de montrer pourquoi il y a des liaisons obligatoires (par exemple marque du pluriel) et en quoi les liaisons facultatives peuvent être des indices d'appartenance socio-culturelle.

- **La correspondance entre la phonie et la graphie** :

cela permet de considérer, d'une part, ce que l'on appelle « *les accidents phonétiques* » : le/e/muet et son statut (suppression ou maintien) et tout ce qui relève du contact entre les phonèmes : assimilations consonantiques (assourdissement et sonorisation) par exemple. D'autre part, on pourra aborder, à travers cette notion, les *différentes graphies* des phonèmes.

3.6.3. De l'utilité de certaines règles dans les démarches.

Etablir un programme d'enseignement, c'est à la fois proposer des contenus mais également des démarches s'appuyant sur certaines **règles** :
- respecter tout d'abord le principe de variété ou de diversité dans la forme et le contenu
- construire une progression à travers le respect des spécificités de chaque aptitude
- développer la faculté de transfert et d'adaptation
- favoriser la prise d'initiative et la prise en charge de l'apprentissage

Ces règles répondent à certaines **motivations** que l'on peut également énumérer :
- pour répondre aux diverses stratégies d'apprentissage d'un groupe
- pour éviter la monotonie et rendre plus efficace l'apprentissage
- pour permettre à chacun de prendre conscience de ses stratégies d'apprentissage et de son mode sensoriel d'appréhension du monde
- pour faire en sorte qu'après la prise de conscience de ses propres stratégies d'apprentissage, chacun puisse en essayer d'autres, se confronter à d'autres formes pour les adopter ou les rejeter
- pour acquérir une certaine souplesse afin de mieux communiquer avec autrui, en tenant compte de l'autre et ses modes de fonctionnement

Certaines conduites d'enseignement/apprentissage vont fonctionner aussi bien pour le développement de la production orale que pour celui de la compréhension, à condition de les adapter. Nous allons à chaque fois exemplifier les deux domaines. Les savoirs et savoir-faire vont s'organiser et se répartir en fonction de ces règles et en tenant compte des motivations évoquées, règles dont les applications et les prolongements peuvent être exemplifiés et multipliés à l'infini.

Tout est une question **d'objectifs** et de la conscience que doit impérativement en avoir l'enseignant. Si on ne lui demande pas d'être spécialiste des différents domaines évoqués précédemment, en revanche il doit toujours **être conscient** de ce qu'il est en train de faire et pourquoi il le fait.

Les objectifs d'enseignement/apprentissage doivent toujours être clairement définis dans les stratégies et les conduites de classe que se donne l'enseignant, c'est le seul repère qu'il ait pour évaluer les progrès des élèves et pour lui permettre de noter la distance existante entre l'input et l'intake, entre apprentissage et acquisition (selon la terminologie employée par Krashen).

3.7. Quelques grandes catégories d'activités intégrant dans leur conception les principes et règles énumérés.

3.7.1. Activités d'écoute

Ce type d'activité doit permettre à l'élève de développer des stratégies de repérage d'éléments à partir de consignes visant la **discrimination** ou la **reconnaissance**.

Lorsque les repérages portent sur des sons ou suites de sons, il importe peu que les apprenants comprennent la signification des mots, l'objectif étant la discrimination d'abord, c'est-à-dire la possibilité pour l'oreille de faire la différence entre deux sons qui semblent identiques, puis la reconnaissance des sons nouveaux.

Les **repérages** peuvent aussi porter sur des séquences sonores constituant un message à l'intérieur d'une situation de communication, la reconnaissance portera sur les éléments verbaux ainsi que sur les indices sonores qui les accompagnent.

Ce qui est important c'est de définir alors **deux règles** : dans un premier temps et pour ce type d'activités, on ne doit pas **mêler deux comportements**, ni chercher à **développer simultanément deux aptitudes**.

On sait bien que si l'on demande à l'apprenant de formuler à haute voix une production langagière correspondant à la réponse, il y aura qu'on le veuille ou non évaluation de la production par l'individu ou par le groupe et perte de concentration sur un objectif précis.

Or il nous paraît indispensable de pouvoir proposer des *moments de concentration* sur un objectif précis. Si on demande à l'apprenant d'écouter, on ne doit pas en même temps lui demander de produire, c'est-à-dire de formuler le résultat de son écoute, parce que, dans ces conditions, il sera préoccupé par la production et, comme on l'a vu ailleurs, les processus neurophysiologiques qui commandent ces deux attitudes sont très différents et peuvent avoir beaucoup de mal à fonctionner simultanément.

Cela ne veut pas dire qu'il n'y a pas des moments où les deux aptitudes sont appelées à fonctionner en étroite synergie, mais il est nécessaire de *respecter une certaine progression* et, pour permettre justement cette harmonieuse synergie, telle que la met en œuvre un natif, il faut avoir préparé l'individu en établissant des *paliers* dans l'apprentissage.

On le sait depuis un certain temps déjà, il y a *interdépendance des activités cérébrales*, les fonctions de réception et de production de la parole sont reliées, l'écoute n'est pas sans influencer la parole. Mais que cette constatation soit bien claire : le fait que les deux fonctions soient reliées ne signifie pas qu'elles doivent toujours fonctionner en même temps, cela veut simplement indiquer que l'une est activée par le travail de l'autre.

Que l'individu, au cours de l'écoute ait besoin de se parler à lui-même peut être tout à fait naturel et doit être laissé à sa seule initiative, cela fait partie des stratégies d'apprentissage propre à chacun ; l'oralisation peut constituer, pour certains, un passage obligé en vue d'acquérir une compétence à l'écoute.

Cela entraîne, comme on peut le constater, une disponibilité totale pour chacun, écouter et entendre à son rythme. **Écoute collective** et **écoute solitaire** doivent donc être proposées en alternance, pour permettre à chacun de définir la stratégie et le mode de fonctionnement utilisés, celui qui est le plus efficace.

Dans les premiers temps, il est nécessaire de faire suivre ce type d'activité par une **réflexion commune** pour expliciter et faire prendre conscience à chacun des stratégies utilisées.

La deuxième règle doit permettre d'alterner *deux types de repérage*, l'un **analytique** et l'autre **synthétique**.

Ces deux termes tentent d'expliquer et d'illustrer l'opération mentale qui entre en jeu pour accomplir la tâche ; il est nécessaire de distinguer dans le type de *repérage* demandé si celui-ci est d'ordre *linéaire* : la consigne a pour but de faire retrouver un élément (son, suite de sons, mot, séquence verbale, etc.) qui renvoie à la seule reconnaissance de formes sonores (avec ou sans signification), c'est le repérage de type analytique qui fait fonctionner en priorité la mémoire immédiate.

Le second type de repérage est une opération mentale plus complexe dans la mesure où elle demande à l'auditeur de repérer des éléments puis de faire *la synthèse* des résultats c'est-à-dire de mettre en relation ces différents repérages pour apporter l'information demandée. Comme on le voit, ce repérage-là va plutôt prendre *la forme d'une étoile* et va faire appel à la mémoire immédiate mais aussi à la mémoire à long terme dans la mesure où il est nécessaire qu'il y ait en partie compréhension et non seulement reconnaissance auditive ; or, comme on l'a vu précédemment, qui dit compréhension dit reconnaissance d'une forme signifiante intégrée dans le stock linguistique mémorisé[128].

La diversité va porter, d'une part, sur la forme des activités mettant en œuvre deux types d'opérations cognitives, et menant de front l'analyse et la synthèse, et,

---

128. Pour expliciter ce deuxième type de repérage, appelé synthétique, nous prendrons un exemple, extrait de *Paroles* : « Faites écouter les annonces entendues dans le train et demandez aux élèves à quel moment ils peuvent entendre ces annonces, au début, au milieu ou la fin du voyage. » Les élèves ont à cocher la bonne réponse selon les informations qu'ils ont pu rassembler dans l'appréhension globale du message. (ex.3, p.13, livre du professeur)

d'autre part, sur les éléments repérés de type phonémique, prosodique, verbal, culturel, activant des *réflexes cognitifs* d'ordre *spatial* et *temporel*. En résumé, cette phase est la première étape permettant de faire appréhender une première prise d'informations en relation avec certains paramètres de la situation de communication lorsque cela se justifie.

3.7.2. Activités d'appropriation de la langue

Ces activités touchent la deuxième étape du dispositif d'enseignement/apprentissage concernant l'oral. Cette étape va permettre d'approfondir la première phase et d'aboutir à la **véritable compréhension**, c'est-à-dire à ce qui pourra être mémorisé et stocké dans la mémoire à long terme et donc **acquis, approprié, incorporé**.

C'est une phase qui doit avoir comme composante essentielle celle du temps, c'est-à-dire laisser **au temps** le temps de faire son œuvre c'est la clé de la réussite pour ce qui relève de l'**appropriation**.

Cette notion va avoir deux implications : le **rythme** et la **maturation** dans l'apprentissage.

La prise en compte du rythme c'est-à-dire ce qui structure l'apprentissage selon une progression établie mais aussi avec des moments de pauses et de retour sur des éléments déjà vus. Ces moments de *réactivation* vont permettre de consolider la mémorisation. Aussi est-il important, lorsque l'on conçoit des activités, de pouvoir, sous des formes variées, revenir sur un problème, à des moments favorables :

> « dix minutes après la prise d'information, puis un jour, une semaine, un mois, six mois plus tard... Elles demandent très peu de temps (cinq six minutes chacune). Elles permettent, en ne mobilisant qu'à peine plus d'une demi-heure, d'envoyer une information dans la mémoire à long terme. »[129]

Cette phase d'**appropriation** est la plus importante car elle va servir à la fois la **prise** et le **traitement de l'information**. Quel que soit le problème à traiter, les procédures seront identiques. Il faut proposer des activités de *recherche d'information*, à partir de supports et de consignes variés.

Que cela soit pour une forme sonore ou un énoncé en situation, le travail sur corpus et la constitutions de paradigmes doivent aboutir à la **comparaison** des formes sonores, des structures syntaxiques, des faits culturels permettant à l'auditeur de trouver lui-même les clés de traitement des variations successives ; que ces variations illustrent un phénomène d'ordre syntaxique, discursif, prosodique ou culturel.

Le *travail de comparaison* qui s'effectue alors, permet de s'approprier le matériau linguistique, telle la pâte à modeler ou la glaise travaillée par les mains du potier.

Les repérages auditifs peuvent donner lieu à des transcriptions écrites. Les transcriptions elles-mêmes seront le support permettant la reconnaissance auditive de traits prosodiques.

La **constitution de tableaux et d'inventaires** de formulations linguistiques

---

129. H. TROCME-FABRE (1987) op. cit. p.141.

d'actes de parole vont favoriser la mémorisation progressive des informations, car elle laisse la maturation faire son œuvre.

Les activités et les **modes d'appréhension sensoriels variés** vont permettre de répondre aux besoins de chacun : écrire, répéter et oraliser avant d'écrire ou après, reproduire à l'écrit ou oralement, lire, classer, comparer, c'est-à-dire en fait, la possibilité d'entendre plusieurs fois le même élément sous des formes et avec des supports variés.

Dans cette-phase là, il n'y a plus de cloisonnement des tâches, écoute et reproduction écrite ou orale vont permettre l'interdépendance des activités cérébrales.

A l'individu d'aller chercher le savoir et non de le recevoir passivement, à l'enseignant d'être le guide, celui qui amène à recueillir ce savoir, à le trouver et à se l'approprier.

La **recherche des règles de fonctionnement** d'un point grammatical, d'une forme sonore, de la signification d'un terme ou d'une séquence, autant de problèmes qui donnent lieu à une activité de la part de l'apprenant.

C'est l'illustration de ce que l'on nomme **la conceptualisation**, l'enseignant mettant les élèves en situation de *mener l'analyse des règles de fonctionnement d'un système* ou de proposer des clés pour retrouver l'invariant dans la variété des formes proposées, seul ou en groupe, individuellement puis collectivement.

L'utilisation de cette activité déborde largement le seul cadre grammatical, cadre dans lequel la notion même est née, ce qui ne nous empêchera pas de suivre les conseils donnés par Henri Besse :

> « d'inciter les étudiants à réfléchir en commun, à raisonner mutuellement [...] afin qu'ils construisent eux-mêmes la description grammaticale, provisoire et modifiable selon leurs progrès, dont ils ont besoin pour assurer, conforter cognitivement, leurs acquis. [...]. L'exercice de conceptualisation est donc une sorte de « tâche » que le groupe-classe doit effectuer seul [...], c'est au groupe à élaborer lui-même [la solution] parce que c'est ce travail d'élaboration et non la solution choisie qui, le plus souvent, est bénéfique pour l'apprentissage. »[130].

C'est le temps également où l'on va faire jouer la multisensorialité et la motricité, la **mise en activité** des différents modes d'appréhension, **visuel**, **auditif**, **kinesthésique** ; on doit pouvoir parler, regarder et aussi toucher, à loisir.

Ce que l'on a pu entendre, commencer à percevoir, à discriminer et à reconnaître lors de la première phase va pouvoir être illustré soit corporellement soit sensoriellement. Cela concerne surtout l'appropriation de sons nouveaux ou de formes mélodiques nouvelles que l'on va lier à des représentations et à des associations mentales.

Cette phase, enfin, va soumettre l'individu à de longues périodes de stockage auditif, ce qui est tout à fait profitable à l'expression puisque l'on sait que même lorsque l'on écoute, la zone cérébrale concernant la production de la parole est activée.

Au plan méthodologique, les enseignants ne doivent pas confondre temps de parole et aptitude à la production. Tout en leur recommandant de ne pas mono-

---

130. H. BESSE (1985), *Méthodes et pratiques des manuels de langue*, Coll Essais, Crédif/Didier, p.169.

poliser la parole (surtout dans les cours de langue où l'élève est censé apprendre à parler !), il paraît important de leur faire comprendre que même si l'élève ne « parle » pas, il n'en est pas moins actif au plan de l'appropriation des formes et des structures.

3.7.3. Activités de production ou la relation dynamique des savoirs et des savoir-faire langagiers

Jusqu'à maintenant, l'analyse des principes méthodologiques précédents impliquait des activités relevant avant tout de la compréhension. Et l'on peut dire qu'avant la fin de cette deuxième phase, la véritable compréhension ne peut être effective : cette *compétence* qui permet à de nouvelles *informations traitées et mémorisées* de venir grossir la somme des savoirs déjà existants.

Pour vérifier l'efficacité des deux phases précédentes, il s'avère nécessaire de proposer aux apprenants d'évaluer leur aptitude à produire en situation, c'est-à-dire activer un certain nombre de savoirs et les mettre en œuvre pour leur faire acquérir ou tester la maîtrise des savoir-faire qui en dépendent.

Comme pour les autres activités, la notion **d'objectif** est très importante, objectif à fixer aux élèves, à déterminer avec eux ou à leur expliciter, étant bien entendu que le premier, celui qui n'a pas besoin d'être constamment exprimé, est celui de leur *propre évaluation*.

Cette définition des objectifs est extrêmement importante car elle est le moteur de tout apprentissage, tant et si bien que si elle n'est pas faite, l'apprenant la fera de lui-même. Comme l'observe H. Holec :

> « Au plan des objectifs, on observe ainsi que l'apprenant attribue toujours un but à l'activité dans laquelle il s'engage, que l'enseignant ait explicité ce but ou non. [...] Cette intervention systématique de l'apprenant au plan des objectifs de l'apprentissage s'explique aisément. Elle est la conséquence directe du fait que l'on ne peut apprendre « à l'aveuglette », c'est-à-dire sans intégrer dans un projet d'acquisition les activités que l'on pratique. »[131]

De la même manière, la **mise en œuvre de ces savoir-faire** est pour l'apprenant une constante **évaluation** de sa compétence langagière ; une **évaluation des transferts** qu'il devient apte à effectuer, certes ce n'est pas une évaluation académique mais elle sert à conforter l'apprenant dans ses capacités. C'est ce à quoi elle doit servir en priorité, sa vertu première selon Louis Porcher :

> « elle est un outil d'apprentissage [...]. L'évaluation est le moyen principal dont dispose un apprenant pour gérer son propre apprentissage, se repérer en lui, orienter son travail. Il ne s'agit pas (nécessairement) d'auto-évaluation, mais de l'utilisation de toutes formes d'évaluation comme moyen d'apprentissage (en n'oubliant pas, contre les pratiques les plus répandues, que personne n'apprend à la place de personne et que seul un apprenant peut être responsable de son propre apprentissage). »[132]

131. H. HOLEC, (1992) « Apprendre à apprendre et apprentissage hétéro-dirigé » in *Les auto-apprentissages*, numéro spécial Le Français dans le Monde, Recherches et applications, fev-mars 1992, Hachette, p.49.
132. L. PORCHER (1991) « L'évaluation des apprentissages en langue étrangère » in *Études de Linguistique Appliquée n° 79*, Didier Érudition, p.28

Un autre principe doit être respecté : celui de la préparation. Il ne sert à rien de précipiter le moment de la production langagière en situation, comme il ne sert à rien non plus de vouloir demander une production trop importante en une fois et, à cet effet, on passera par la pratique de simulations atomisées.

Les **simulations atomisées** sont des interactions ou des mises en situation réduites dans lesquelles les apprenants n'ont qu'à produire un ou deux énoncés en situation. On a vu précédemment que le temps était une donnée essentielle dans le processus d'appropriation, il l'est tout autant ici, au moment de la mise en œuvre du comportement langagier. A partir du moment où des objectifs ont été fixés il faut laisser à l'apprenant le temps de préparer les stratégies d'intervention si jamais on lui demande une prestation orale longue et complexe.

Les mises en situation de production ressemblent aux activités privilégiées de l'approche communicative telles que les définit E. Bérard :

> « simulations et jeux de rôles : les premiers sont plutôt des répétitions de la réalité et sont élaborées soit à partir de situations cadres (la poste-la banque-la rue...) ou de consignes données en termes d'actes de parole alors que les seconds ont une dimension plus théâtrale, demandant aux apprenants d'interpréter un personnage défini préalablement ; »[133]

Pour ce qui est des simulations atomisées, il vaut mieux à l'inverse de ce qui a été dit précédemment, les pratiquer dans **l'instantanéité**, ne pas laisser le temps aux élèves de réfléchir à la meilleure formulation possible.

Encore une fois, la diversité des situations et des activités est de mise, il faut permettre aux apprenants de s'évaluer dans leur aptitude à s'exprimer spontanément, dans l'instant, à trouver la formule adéquate, la meilleure répartie possible, accompagnée ou non du meilleur geste.

De la même manière, on les mettra en situation de prouver leur compétence langagière, à partir de **canevas de jeux de rôles à complexité variable**, ou d'opérations comportementales à mettre en œuvre dans les situations de la vie sociale.[134]

3.7.3.1. La répétition

Deux types d'exercices, pendant des décennies, ont été les deux seules formes d'activités de production, c'est-à-dire les deux seules à déterminer les compétences des apprenants en terme de comportement langagier et ce sont respectivement la répétition et les exercices de systématisation.

Il nous reste à analyser ces deux types d'exercices que l'on ne sait pas très bien placer dans la typologie actuelle d'une séquence d'enseignement telle que nous l'avons esquissée jusqu'ici. Si on les replace dans leur contexte historique d'utilisation, il faudrait les mettre dans la troisième phase celle qui correspond à la phase d'expression.

Cependant avec ce que l'on sait maintenant du fonctionnement cérébral et des processus cognitifs engagés dans l'apprentissage, il nous semblerait plus pertinent de les utiliser dans la phase précédente, la phase d'appropriation, parce qu'ils pourront y jouer un rôle plus efficace.

133. E. BERARD (1991) *L'approche communicative, théorie et pratiques*, Coll. Didactique des Langues Étrangères, Clé International, p.56.
134. R. GALISSON (1991) : De la langue à la culture par les mots, Coll. Didactiques des langues étrangères, Clé International.

Arrêtons-nous quelque peu sur ces deux catégories d'exercices pour essayer de les comprendre et de les utiliser à bon escient. Tentons de leur trouver une raison d'être car s'ils ont été longtemps décriés, même encore maintenant, ils n'en sont pas pour autant abandonnés dans la pratique. Comme pour beaucoup de choses (notammment le laboratoire), c'est moins leur **existence** qui est à remettre en cause que **la façon** qu'on a **de les utiliser**.

L'analyse de l'exercice de répétition donnée par Elisabeth Lhote nous fait enfin comprendre les enjeux des mécanismes mis en œuvre dans ce type d'activité. Nous allons essayer ici d'en restituer l'essentiel. Elisabeth Lhote nous invite à réfléchir sur l'activité de répétition :

> « employée si souvent en phonétique pour apprécier les capacités de perception et de production d'un individu »[134].

Dans l'*exercice de répétition*, on demande à l'élève de reproduire, c'est-à-dire de passer au réencodage immédiat du message qu'il vient de recevoir. Dans ces conditions, l'élève n'a pas le temps de consulter le stock linguistique mémorisé et se cantonne à utiliser le secteur de la mémoire immédiate puisqu'il n'a matériellement pas le temps de faire appel aux connaissances acquises antérieurement ; il n'a pas le temps de procéder par analogie ou comparaison de formes sonores déjà appropriées. Il n'a pas la possibilité de procéder par étapes, c'est-à-dire de faire jouer le plan phonologique, la comparaison des formes sonores existantes dans son système, ni bien entendu de faire appel au plan supérieur, au niveau supérieur d'abstraction, celui du décodage linguistique.

Lorsque l'individu doit répéter des formes sonores déjà connues, il n'y a pas de réelle difficulté, celles-ci surviennent lorsque les formes sonores ne font pas encore partie du paysage sonore connu et intériorisé de l'apprenant.

Comme il n'a pas le temps ni les éléments pour comparer les formes nouvelles, il va se servir pour les réencoder de celles qu'il connaît et c'est bien souvent celles de sa langue maternelle.

La difficulté réside en fait dans le délai imparti qui ne laisse guère le temps de faire le travail de décodage nécessaire, dans le cas d'une forme sonore nouvelle, pour dégager les éléments distinctifs significatifs permettant de classer la forme dans la rubrique qui lui convient.

Les enseignants peuvent ainsi comprendre pourquoi les élèves arrivent à répéter sans difficulté lorsqu'ils sont en classe ou au laboratoire, mais que leurs productions restent fautives ou hésitantes lorsqu'ils ne se trouvent plus en contact immédiat avec le modèle. Tant que cette situation perdure, il y a fort à parier que l'appropriation de la forme ne s'est pas produite.

Comme cela a déjà été souligné, la phonation entraîne une mise en action physiologique mais pas uniquement. La motricité n'est jamais exécutée seule (sauf dans les cas de pathologie) sans une commande cérébrale, il y a là une convergence neuronale et physique indispensable pour permettre le processus neurophysiologique qu'est la phonation. C'est pourquoi ne voir dans la phonation qu'un simple acte physique ne correspond en rien à la réalité. De surcroît, il s'avère

135. E. LHOTE (1990) « Vers un modèle phonétique de production-perception-compréhension de la parole » in *Le paysage sonore d'une langue, le Français*, Études de phonologie et linguistique descriptive du français Vol 4, E. Lhote (éd), Helmut Buske Verlag Hamburg, p.33.

indispensable de procéder à la phase d'appropriation des caractéristiques acoustiques des phonèmes nouveaux à faire acquérir[135].

L'exercice de répétition a bien entendu sa raison d'être ; le fait d'étudier son fonctionnement ne veut pas pour autant dire le rejeter, il nous paraît au contraire avoir certaines vertus qu'il serait judicieux d'examiner.

Il faut donc utiliser la **répétition** pendant la deuxième phase, c'est-à-dire comme une **activité de tâtonnement, d'essai, d'auto-évaluation in petto**, avant celle faite en public, en mesurant exactement son utilité. Elle fait appel à la mémoire à court terme ; pour cette raison, elle va permettre de maintenir le plus longtemps possible à l'ouïe le signal acoustique et cela s'avère indispensable quand on sait que la mémoire auditive est la moins durable de toutes les formes de mémoire.

Elle peut servir également à donner les preuves de la bonne appropriation des éléments segmentaux et suprasegmentaux, à confirmer ou à infirmer, donc, la bonne acquisition des formes sonores. En aucun cas, cependant la répétition ne permet à elle seule la mémorisation à long terme qui demande qu'on laisse le temps de stocker des formes signifiantes et significatives pour le sujet.

Cela entraîne certaines conséquences méthodologiques : il est préférable de *placer les éléments à reproduire*, donc éventuellement à mémoriser, comme par exemple des poèmes ou des dialogues, *en fin de dossier* et non au début, afin qu'ils soient l'occasion pour l'enseignant et pour l'apprenant, de montrer l'acquisition des formes sonores et non le moyen de les approprier.

3.7.3.2. Le poème

Parler de poème c'est faire référence à un outil pédagogique merveilleux dont disposent les formateurs et les formés, servant à la fois de motivation à la phonation et à la création. Le poème, parce qu'il donne le pouvoir de jouer avec les sonorités est une ressource pédagogique inestimable.

C'est le lieu où l'enseignant doit totalement s'effacer pour laisser se faire l'évocation et la représentation mentale des sons ; le *pouvoir évocateur* de la poésie va servir la *mémorisation des sonorités*.

Utiliser la poésie en phase de production, c'est, soit travailler à partir de la lecture ou de l'écoute d'un poème déjà écrit par un auteur, soit faire créer par les apprenants leurs propres poèmes afin qu'ils les lisent ou les disent ensuite ; c'est, de toutes les manières, faire surgir chez l'apprenant *l'imaginaire* et l'aider ainsi à *appréhender un monde sonore nouveau*.

La totale liberté de création qui lui est alors donnée est une source de motivation et un puissant moteur à l'apprentissage comme on peut aisément l'imaginer[136].

---

136. C'est pour cela que dans *Plaisir des sons*, Phonétique du Français, (op. cit.), le moment de répétition du phonème, suit toujours la première phase de discrimination et de reconnaissance auditive. Cette première phase de production du son se trouve dans la partie appelée « Image » qui suscite en même temps la représentation mentale du son, activité faisant appel à la multisensorialité et permettant de faire ressortir pour les faire ressentir les caractéristiques acoustique, physiologique et articulatoire du phonème étudié.

137. Des idées d'activité autour de la création ou du pastiche de poèmes se trouvent dans *Plaisir des sons*, phonétique du Français, op. cit., in Livre du professeur p. 22 exercice 5, p.79 exercice 4.

3.7.3.3. La chanson

La chanson est elle-même un bon moteur à la perception mais sert moins, nous semble-t-il, la production. On entend dire que les chanteurs n'ont pas d'accent et chacun croit que la chanson serait la recette miracle pour parler une langue sans accent (nous reprenons volontairement l'expression populaire dans ses termes), alors pourquoi chanteurs et cantatrices ne sont-ils pas tous polyglottes et pourquoi rencontrent-ils des difficultés de prononciation lorsqu'ils veulent s'exprimer comme le commun des mortels ?

L'ironie n'est pas de mise, il est vrai, mais il n'en demeure pas moins que si la chanson a des vertus que l'on ne nie pas, elle n'a pas celle de suppléer toutes les défaillances de perception et de production d'un système phonique nouveau. L'avantage de la chanson est de *motiver* tout d'abord, d'aider la perception de sons nouveaux, de *lever* certaines *inhibitions* et donc de permettre une production plus aisée, porté en cela par la musique et le rythme.

Mais, dirons-nous, la chanson, comme les autres, est un outil pédagogique parmi d'autres. Elle a ses vertus mais aussi certains inconvénients qui sont liés au rythme de la musique, rythme très différent de celui de la parole non chantée, dans la mesure où il ne reproduit que de façon très lointaine la syllabation et le rythme syllabique des groupes prosodiques de la parole. S'habituer à parler comme on chante n'est peut-être pas aussi efficace qu'on voudrait nous le faire croire.

En revanche, il faut retenir dans la chanson *la puissance de suggestion* liée à la musique. C'est d'ailleurs un élément important sur lequel s'appuie les principes méthodologiques de la suggestopédie[137]. L'efficacité de la musique est incontestable pour lever les blocages et les inhibitions, et de ce fait elle augmente et facilite les *capacités de mémorisation* chez l'individu.

3.7.3.4. Les exercices de systématisation

À l'instar de la répétition, les exercices de systématisation ont connu (connaissent toujours ?) une certaine vogue depuis l'avènement de la méthodologie structuro-globale audio-visuelle et certains didacticiens-phonéticiens ont décidé de l'utiliser également pour **systématiser la production d'énoncés**, notamment ceux relevant de schémas mélodiques expressifs.

Monique Callamand s'est servi des principes d'élaboration de l'exercice structural pour proposer aux apprenants un entraînement à l'expressivité[138].

Mais, comme le remarque très justement Gérard Vigner, dans les procédures de question-réponse, il y a une « contextualisation minimale de l'exercice structural », dans la mesure où la relation plus fonctionnelle entre la question et la réponse attendue peut faire croire à un dialogue entre l'enseignant et l'élève[139]. Ces exercices étaient très innovateurs en leur temps et jusqu'à présent, ils ont très bien su résister à l'usure du temps !

Même si on peut reprocher à ce genre d'exercice un aspect mécanique que certains qualifient de traditionnel et de rébarbatif, nous restons convaincue que pour

138. Concernant ce sujet, on se reportera à l'ouvrage de R. GALISSON (1983) *La suggestion dans l'enseignement*, Coll. Didactique des langues étrangères, Clé International.
139. M. CALLAMAND (1973) *L'intonation expressive*, exercices systématiques de perfectionnement, Hachette/Larousse.
140. G. VIGNER (1984), *L'exercice dans la classe de français*, Coll. F, Hachette, p78.

un certain nombre d'apprenants, il leur est indispensable de consacrer un moment à la systématisation d'énoncés, dans les situations d'enseignement/apprentissage qui leur sont proposées.

Certains didacticiens pensent que cela est inutile, peut-être ont-ils raison, mais lorsque l'on parle de centration sur l'apprenant et que l'on souhaite l'aider à mieux apprendre nous devons accepter aussi de conforter pour un temps au moins ses croyances et ses certitudes en matière de pédagogie, tout en ne perdant pas l'espoir de lui faire changer d'avis en transformant ses habitudes d'apprentissage.

Certaines pratiques pédagogiques et certains manuels continuent à explorer la voie ouverte par Monique Callamand en proposant des exercices de systématisation autour des sons et des réalisations intonatives expressives. Dans l'esprit des concepteurs, ces exercices n'ont pas pour objectif de se substituer à la *phase de production* telle qu'elle vient d'être décrite. Celle-ci est avant tout une phase devant permettre une *production langagière libre*, *créative*, *individualisée* et illustrant l'aptitude du sujet à une *performance* aussi proche que possible de la *réalité communicative*.

Ces **exercices**, une variante si l'on peut dire des exercices de répétition, doivent se situer dans la deuxième phase, la phase d'**appropriation**, celle où l'on permet à l'élève le tâtonnement, les hésitations, la réflexion, en bref la phase de **maturation** et de « **fermentation** » du savoir.

Le fait de prononcer plusieurs fois la même structure, d'articuler plusieurs fois le même son dans des contextes facilitants ou non, et même si l'élève doit le faire en ânonnant, en cherchant parfois péniblement la réponse juste, portera ses fruits à un moment ou à un autre, en activant le processus de mémorisation auditive.

À la différence de la répétition qui engendre vite la monotonie, lorsqu'elle porte sur des énoncés isolés sans contexte, les **exercices de type structural** qui demandent un minimun d'initiative de la part de l'élève l'obligent à rester éveillé et le rendent quelque peu actif.

En effet, l'élève, à partir d'un stimulus, doit proposer un énoncé en réaction à ce stimulus qui veut illustrer en général un acte de parole préalablement défini, la réponse attendue comprend un schéma mélodique expressif, une transformation syntaxique ou lexicale et l'utilisation de mots du discours. Rien n'est donné sinon un modèle de départ[140].

Comme pour toutes les activités proposées aux élèves tout dépend du contexte dans lequel ces exercices sont faits. Ce genre d'exercices n'est certainement pas fait pour être exécuté à la « va vite », sans explication préalable, parce qu'il reste un peu de temps à combler et que l'on ne sait pas quoi faire faire au laboratoire par exemple ! Plus que tout autre, il nécessite une *explication préalable* avec les élèves, une *réflexion* sur la situation dans laquelle l'énoncé à trouver peut être produit. Lorsqu'il s'agit, comme c'est le cas dans l'exemple pris en référence, de faire produire un phonème particulier, nouveau pour les élèves et que celui-ci est placé dans un contexte facilitant, cela peut leur permettre de produire le phonème sans

---

141. Nous faisons allusion très explicitement à la partie intitulée « Gammes » dans le matériel pédagogique *Plaisir des sons*, (Didier-Hatier-Alliance Française) op. cit.. Dans l'introduction du livre du professeur, l'activité est ainsi définie : les Gammes permettent de systématiser l'apprentissage des sons à travers la réalisation d'actes de parole, p.10.

s'en rendre compte ou plutôt en détournant pour un temps l'attention des élèves des difficultés d'ordre phonatoire.

Il n'est pas impossible alors, qu'au plan de l'acquisition, cela s'avère plus efficace qu'on pourrait le supposer.

Enfin et pour terminer avec ce type d'exercice, il **diversifie** la panoplie des activités à proposer à l'apprenant, et de ce fait il contribue, par sa seule existence et sa structure en elle-même spécifique, à répondre à une stratégie d'apprentissage non encore exploitée jusqu'ici, celle qui consiste à avoir besoin d'**automatiser un réflexe langagier** pour évaluer sa propre compétence de répartie communicative.

Cela sera l'occasion également de préparer la phase de production, les simulations atomisées pouvant être considérées comme un prolongement, car elles serviront à la réutilisation partielle ou totale des énoncés mémorisés. L'expressivité tenant une place importante dans ces exercices, l'*empreinte auditive spécifique* liée à une structure syntaxico-sémantique va permettre de renforcer la mémorisation des formulations linguistiques grâce à la mise en œuvre d'*une mémoire mélodique*.

CONCLUSION

Les langues sont devenues désormais des biens fonctionnels, utilisables chaque jour, et qui constituent un instrument de communication indispensable soit sur le plan professionnel, soit en termes de loisirs, c'est-à-dire des voyages.

Leurs priorités d'enseignement, sinon d'apprentissage, se sont dès lors transformées, et les **compétences orales** ont acquis une importance décisive puisque le plus grand nombre des communications en langue étrangère s'effectuent au plan de l'oral. L'écrit conserve une pertinence mais qui, dans l'ordre de l'urgence, est devenue seconde.

Pour cette raison, il devient impératif d'aider les enseignants à se préparer pour une **transmission renouvelée des savoir-faire** relevant de l'**oral**.

Dans ces conditions, la **phonétique** et ses dérivés deviennent des atouts de première force qu'il convient de développer en direction de la *formation des enseignants*, et aussi au bénéfice des *formateurs de formateurs*, trop souvent démunis en la matière.

Il ne s'agit ni d'une phonétique théorique ni d'une phonétique de recettes pratico-pratiques. C'est à une **phonétique-pour-didacticiens** que nous devons nous consacrer, de même que Henri Holec, naguère, appelait de ses vœux une linguistique-pour-didacticiens.

Cette perspective exige que les spécialistes soient relayés par des auteurs qui, tout en étant spécialistes eux-mêmes, connaissent suffisamment la didactique pour élaborer un *discours de formation adéquat*, c'est-à-dire suffisamment proche de la pratique pour être utilisable par enseignants et formateurs, tout en restant irréprochable sur le plan de l'information théorique.

Ce livre s'inscrit dans cette ligne, espérant ainsi contribuer à débroussailler quelque peu un terrain jusqu'ici fort peu exploré. Il s'est donné pour but de mettre sur pied les composantes d'un **véritable programme de formation**, une sorte de panorama permettant à chaque enseignant et formateur de faire le point sur le domaine, et lui apportant aussi de quoi continuer seul son propre perfectionnement, dont les limites dépendent de l'utilité que chacun recherche en fonction de sa situation.

C'est pourquoi, nous nous sommes contrainte à rester à la fois synthétique et analytique.

Synthétique pour cadrer, épistémologiquement, l'état actuel de la connaissance phonétique dont il faut bien que les enseignants se servent pour comprendre ce qui sous-tend leurs pratiques, même s'ils ne le savent pas toujours.

Analytique enfin, dans la volonté d'expliciter et d'exemplifier, c'est-à-dire dans le souhait de mettre au point un discours de « *divulgation* » au sens de Bourdieu, discours de niveau intermédiaire entre le discours purement théorique et le discours de pure vulgarisation.

Le but poursuivi est **double** : d'une part, *se faire comprendre* par les enseignants et les formateurs (dont c'est aussi l'une des fonctions : se faire comprendre des élèves ou des maîtres), et d'autre part, pour cela, utiliser la technique (il y en a d'autres, non écrites) de l'*explication* et de la *progression pas à pas*.

Le livre tel qu'il a été conçu est abordable, de manière différente par des enseignants débutants ou par des formateurs chevronnés, de même qu'il est susceptible de venir en aide aux étudiants de didactologie des langues et des cultures.

Il représente un état actuel de la connaissance dans le *domaine de la phonétique*, et constitue une *introduction à une pédagogie de l'oral*, qui demanderait, quant à elle, d'autres développements, complémentaires et propres.

On a porté un soin particulier à l'*accessibilité*, c'est-à-dire au non-découragement du lecteur par une écriture destinée à des spécialistes.

Cet **enjeu-là**, c'est celui de la didactique des langues tout entière. Ne pas faire de concessions en ce qui concerne les **savoirs fondateurs** de cette discipline, mais prendre la peine de les **réélaborer** à destination des utilisateurs prioritaires que sont les enseignants et les formateurs.

Depuis une quinzaine d'années maintenant, la didactique du français langue étrangère a considérablement progressé, tant sur le plan institutionnel qu'au niveau de la formation. Ce petit livre vise à contribuer à ce développement, pour le domaine qui est le sien, et s'inscrit donc, exactement, à l'articulation entre la **didactique** et la **phonétique**.

RÉFÉRENCES BIBLIOGRAPHIQUES

BALLY Ch. (1952) *Le langage et la vie*, Droz.

BERARD E. (1991) *L'approche communicative, théorie et pratiques*, Coll Didactique des Langues Étrangères, Clé International.

BESSE H. (1985), *Méthodes et pratiques des manuels de langue*, Coll Essais, Crédif/Didier.

BESSE H. (1986) « Pour un retour de la méthodologie » in *Priorité (s) FLE, Études de Linguistique Appliquée, n°64*, Didier-Erudition.

BLANCHE-BENVENISTE C. (1990) *Le français parlé, études grammaticales*, Éditions du C.N.R.S.

CALBRIS G. et MONTREDON J. (1975) *Approche rythmique intonative et expressive du Français langue étrangère*, C'est le Printemps, Clé International.

CALBRIS G. et PORCHER L. (1989) *Geste et communication*, Coll. LAL, Credif-Hatier.

CALBRIS G. et MONTREDON J. (1980) *Oh là là !*, Clé International.

CALBRIS G. et MONTREDON J. (1986) *Des gestes et des mots pour le dire*, Clé international.

CALLAMAND M. (1973) *L'intonation expressive, exercices systématiques de perfectionnement*, Hachette/Larousse.

CALLAMAND M. (1981) *Méthodologie de l'enseignement de la prononciation*, Coll. Didactique des langues étrangères, Clé International.

CALLAMAND M. (1987) « Les marques prosodiques du discours » in *Étude de Linguistique Appliquée, n°66*, pp.49-69, Didier-Erudition.

CARTON F. et alii (1983) *Les Accents des Français*, Paris, Hachette.

CHARAUDEAU P. (1986) « L'interview médiatique : Qui raconte sa vie ? » in *Récits de vie et Institutions, Cahiers de Sémiotique Textuelle*, 8-9, Paris X, pp.129-137.

CICUREL F. (1991), *Lectures interactives en langue étrangère*, Coll. F autoformation, Hachette.

COSNIER J. (1982) « Communications et langages gestuels » in J. Cosnier, A. Berrendonner et C. Orecchioni : *Les voies du langage*, Dunod, pp. 255-304.

COSTE D. (1986) « Didactique et diffusion du français langue étrangère » in Priorité (s) FLE, *Études de Linguistique Appliquée*, n°64, Didier-Erudition.

COSTE D. (1991) « Genres de textes et modes discursifs dans l'enseignement/apprentissage des langues » in *Études de Linguistique Appliquée*, n°83, Didier-Erudition.

DAVIS R. et LEON P. (1989), « Pausologie et production linguistique » in *Information/Communication 10*, Toronto, pp.31-43.

DELATTRE P. (1966) « Les dix intonations de base du français », *French Review*, 41/3, pp.326-339.

DELATTRE P. (1966) *Studies in French and Comparative Phonetics*, Mouton and C°, London, The Hague, Paris.

DURAND-DESKA A. et Durand P. (1991) « Quelques perspectives en correction phonétique : pour un renouveau technique et méthodologique » in *Revue de Phonétique Appliquée 98*, pp.15-31.

de SALINS G.D. (1988) *Une approche ethnographique de la communication*, Coll LAL, Crédif, Hatier.

de SALINS G.D. (1992) *Une introduction à l'ethnographie de la communication*, Didier.

ESALING J.H. (1990) « La parole sur ordinateur dans l'enseignement de la langue seconde : matière académique au niveau avancé » in *Revue de Phonétique Appliquée 95-96-97*, pp.145-151.

FONAGY I. (1983) *La vive voix, Essais de psycho-phonétique*, Paris, Payot.

FONAGY I. (1989) « Le français change de visage ? » in *Revue Romane 24/2* pp.225-251.

GADET F. et MAZIERES F. (1986) « Effets de langue orale » in *Langages n°81*, Larousse.

GALAZZI E. (1991) « La méthode phonétique pour l'enseignement du F.L.E. en Italie à travers la lecture du Maître Phonétique et du Bollettino di Filologia Moderna (1894-1910) », in *Actes du Colloque de Parme 14-16 juin 1990, Documents pour l'histoire du Français Langue étrangère ou seconde, n°8*, SIHFLES, pp.277-300.

GALAZZI E. (1992) «1880-1914. Le combat des jeunes phonéticiens : Paul Passy » in *Cahiers Ferdinand de Saussure 46*, pp.115-129.

GALAZZI E. (1993) « Machines qui apprennent à parler, machines qui parlent : un rêve technologique d'autrefois » in *Études de Linguistique Appliquée, n°90*, avril-juin 1993, pp.73-84.

GALAZZI E. et GUIMBRETIERE E. (1993) « Seuil d'acceptabilité des réalisations d'apprenants italophones » in *Actes du Colloque du DORIF, Milan, septembre 1991, Revue S.I.L.T.A.*

GALAZZI-MATASCI E. et PEDOYA-GUIMBRETIERE E. (1983), « Et la pédagogie de la prononciation ? » in *Le Français dans le Monde n°180*.

GALISSON R. (1983) *La suggestion dans l'enseignement*, Coll. Didactique des langues étrangères, Clé International.

GALISSON R. (1985) « Didactologies et idéologies » in *Études de Linguistique Appliquée, n°60*, Didier Érudition.

GALISSON R. (1986) « Éloge de la didactologie/didactique des langues et des cultures (maternelles et étrangères) » in *Études de Linguistique, n°63*, Didier-Erudition.

GALISSON R. (1991) : *De la langue à la culture par les mots*, Coll. Didactique des langues étrangères, Clé International.

GAONAC'H D. (1988) « Psychologie et didactique des langues : perspectives de recherche en psychologie du langage », in *Études de Linguistique Appliquée, n°72*.

GIOVANNONI D.C. (1990) « Contribution à une bibliographie sur les problèmes d'écoute et de perception du langage », in *Recherches sur le français parlé, n°10*, pp39-50.

GREMMO M.J.et HOLEC H. (1990) « La compréhension orale : un processus et un comportement » in *Acquisition et utilisation d'une langue étrangère. L'approche cognitive, Le Français dans le Monde, Recherches et applications*, Hachette.

GROSJEAN F. et DESCHAMPS A. (1972) « Analyse des variables temporelles du français spontané », *Phonetica 26*, pp.126-156.

GUAITELLA I. (1991) « Étude des relations entre geste et prosodie à travers leurs fonctions rythmique et symbolique » in *Actes du XIIe Congrès des Sciences Phonétiques Aix 19-24 août 1991*, Vol 3/5, pp.266-269.

GUIMBRETIERE E. (1991) « Prosodie et didactique » in *Relief*, Toronto.

GUIMBRETIERE E. (1992) *Paroles*, Entraînement à la compréhension et à l'expression orales, Didier.

HAGEGE C. (1985) *L'homme de paroles*, Fayard.

HOLEC H. (1992) « Apprendre à apprendre et apprentissage hétéro-dirigé » in *Les auto-apprentissages, numéro spécial Le Français dans le Monde, Recherches et applications, fev-mars 1992*, Hachette.

KANEMAN-POUGATCH M. et PEDOYA-GUIMBRETIERE E. (1989) *Plaisir des sons*, Phonétique du français, Didier-Alliance Française, livre du professeur, cahier de l'élève et 4 cassettes.

KONOPCZYNSKI G. (1991) « Acquisition de la proéminence dans le langage émergent » in *Actes du XII° Congrès International de Sciences Phonétiques*, Aix-en-Provence, vol 1 pp.333-337.

LABOV W. (1972) *Sociolinguistique*, traduction française, Paris, Minuit.

LANDERCY A. et RENARD R. (1977) *Éléments de phonétique*, Paris-Mons, Didier-CIPA.

LE HELLAYE C. et MOIRAND S. (1992) « Voyage à travers des discours de « formateurs », in *Des formations en français langue étrangère*, numéro spécial Le Français dans le Monde, août-sept. 1992.

LEBRE-PEYTARD M. (1990) *Situations d'oral*, Coll. Didactique des langues étrangères, Clé International, p.56.

LEON P. (1966) *Prononciation du français standard*, Paris Didier.

LEON P. (1992) *Phonétisme et prononciations du français*, Nathan, Coll. Fac.

LEON P. (1993) *Traité de phonostylistique*, Paris, Nathan-Université.

LEON P. et LEON M. (1964) *Introduction à la phonétique corrective*, Hachette-Larousse.

LEVI-STRAUSS C. (1958) *Antropologie structurale*, Plon.

LHOTE E. (1988) « Trois fonctions-clés dans l'écoute active de la parole » in *Actes du 3° Colloque régional de linguistique, Université de Strasbourg*, p.245-256

LHOTE E. (dir) (1990) *Le paysage sonore d'une langue, le Français*, Buske Verlag, Hambourg.

LHOTE E. (1992) « Dans l'intonation expressive, la parole est au silence » in *Mélanges Léon*, Éditions Mélodie-Toronto, pp.275-283.

LHOTE E. et ABUBAKR N. (1992), « L'intonation un marqueur discursif méconnu » *4es Rencontres régionales de Linguistique*, Bâle, sept.1992.

LIBERMAN M. (1992) « Techniques théâtrales et formation » in *Des formations en français langue étrangère, numéro spécial Le Français dans le Monde, août-septembre 1992*, pp.144-151.

LLORCA R. (1992) « Le rôle de la mémoire musicale dans la perception d'une langue étrangère » in *Revue de Phonétique Appliquée, n°102*, pp.45-67.

LUCCI V. (1983) *Étude phonétique du français contemporain à travers la variation situationnelle*, P.U.L.L.G., Grenoble.

MARC E. (1988) *Guide pratique des nouvelles thérapies*, Retz.

MATASCI-GALAZZI E. et GUIMBRETIERE E. (1987) « A l'écoute de Bernard Pivot : une stratégie de hiérarchisation des informations par la prosodie », in *Études de Linguistique Appliquée, n°66*, Didier-Erudition, pp 106-117.

Mc CARTHY B. (1989) « Le modèle intonatif de Delattre réactualisé » in *Bulag, n°15*, Besançon, p.99-122.

Mc LUHAN M. (1969), Entretien avec G.E. Stearn, in *Communication et langages*, n°2, pp.90-91.

Mc LAUGHLIN B. (1987) *Théories of Second-Language Learning*, London, Edward Arnold.

MERTENS P. (1990) « Intonation » chap. IV in *Le français parlé, Études grammaticales*, C. BLANCHE-BENVENISTE, C.N.R.S.

MOREL M.A. et RIALLAND A. (1992) « Autonomies, emboîtements et ruptures dans l'intonation française » in *Actes du Colloque Cerlico*, La subordination, Presses Universitaires de Rennes.

PAGNIEZ-DELBART T. (1991) *À l'écoute des sons*, Clé International, 2 vol. les voyelles, les consonnes et 2 cassettes.

PASSY P. (1890) *Études sur les changements phonétiques*, Paris, Didot.

PEDOYA-GUIMBRETIERE E. (1984) « Articulation prosodique du discours » in *Bulletin de la Société de Linguistique de Paris, Tome LXXIX, fasc.1*, pp.49-79.

PEYTARD J. (1971) « Pour une typologie des messages oraux » in *La grammaire du Français parlé*, Coll F, Hachette, pp.161-176.

PORCHER L. (1980) « Parcours socio-pédagogiques », in *Lignes de forces en didactique des langues étrangères*, Coll Didactique des Langues Étrangères, Clé International.

PORCHER L. (1987) « Promenades didacticiennes dans l'œuvre de Bachelard » in *Une introduction à la recherche scientifique en didactique des langues*, pp.121-139, Coll Essais, Didier-Credif.

PORCHER L. (1987) *Manières de classe*, Alliance Française-Didier.

PORCHER L. (1987) « Simples propos d'un usager », in *Études de Linguistique Appliquée, n°66*, Didier-Erudition.

PORCHER L. (1991) « L'évaluation des apprentissages en langue étrangère » in *Études de Linguistique Appliquée n° 79*, Didier Érudition.

PUREN C. (1988) *Histoire des Méthodologies de l'enseignement des langues*, Coll Didactique des langues étrangères, Clé International.

RENARD R. (1971) *Introduction à la méthode verbo-tonale de correction phonétique*, Didier.

RODRIGUEZ L. (1991) *Parole et Musique*, Éditions des Plaines, Manitoba, Canada.

ROULET E. (1991) « La pédagogie de l'oral en question (s) » in *Parole étouffée et parole libérée*, M. Wirthner, D. Martin et P. Perrenoud (dir), Delachaux et Niestlé.

TROCME-FABRE H. (1987) *Je pense donc je suis*, Les Éditions d'Organisation.

VIGNER G. (1984) *L'exercice dans la classe de français*, Coll F, Hachette.

WIOLAND F. (1991) *Prononcer les mots du français*, Coll F autoformation, Hachette.

WIOLAND F. (1991) « La vie sociale des sons, modèle didactique de la prononciation du français », in *Actes du XII° Congrès international des Sciences Phonétiques*, Aix-en-Provence, vol 5, pp.306-309.

WUILMART C. (1972) « Incidences acoustiques de l'attitude et du mouvement corporels sur la phonation » *Revue de Phonétique Appliquée 24*, pp.55-95.

TABLE DES MATIÈRES

JOUVE
1, rue du Docteur Sauvé, 53100 Mayenne
Imprimé sur presse rotative numérique
N° 504344A - Dépôt légal : février 2010
4370/08

Imprimé en France

CONTENTS

Originally published in German by Franckh'sche Verlagshandlung, W. Keller & Co., Stuttgart/1976 under the title *Vogelhaltung-Vogelpflege.* First edition © 1976 by Franckh'sche Verlagshandlung.
© 1980 by T.F.H. Publications, Inc. Ltd. for English translation. A considerable amount of additional new material has been added to the literal German-English translation, including but not limited to additional photographs. Copyright is also claimed for this new material.

Frontis: Gloster Fancy Canary. Photo by Harry V. Lacey.

Front cover: Photo by San Diego Zoo

Back cover: Photo by Dr. Herbert R. Axelrod.

Photo Credits: pp. 18, 19, 27, 30, 78, 82, 83 (top), 87, 90 by Helmut Bechtel; title page and pp. 14-15, 58-9 by Harry Lacey; pp. 6-7, 83 (bottom) by G. Ebben; pp. 22-3 by M. Roberts; p. 77 by F. Jefferson; p. 71 by A. Norman; p. 34 by J. Warham;   p. 66 by P. Kwast; pp. 34-5, 42-3 80-1 by L. Van der Meid; pp. 67 (bottom), 86 (bottom) by H. Bielfeld; p. 42 by Dr. H. Axelrod; p. 70 (bottom) by D.R. Baylis; pp. 60-1 by D. Grundy from Three Lions, Inc.; 6, 10, 11, 14, 22, 26, 31, 60, 66, 67 (top), 70 (top), 74, 75, 79, 80, 86 (top), 91, 92 courtesy of Vogelpark Walsrode.

Translated by **Petra Bleher**

ISBN 0-87666-997-6   KW-034

© **1980 by TFH Publications, Inc.**

Distributed in the U.S. by T.F.H. Publications, Inc., 211 West Sylvania Avenue, P.O. Box 427, Neptune, NJ 07753; in England by T.F.H. (Gt. Britain) Ltd., 13 Nutley Lane, Reigate, Surrey; in Canada to the book store and library trade by Beaverbooks, Ltd., 150 Lesmill Road, Don Mills, Ontario M38 2T5, Canada; in Canada to the pet trde by Rolf C. Hagen Ltd., 3225 Sartelon Street, Montreal 382, Quebec; in Southeast Asia by Y.W. Ong, 9 Lorong 36 Geylang, Singapore 14; in Australia and the South Pacific by Pet Imports Pty. Ltd., P.O. Box 149, Brookvale 2100, N.S.W. Australia; in South Africa by Valid Agencies, P.O. Box 51901, Randburg 2125 South Africa, Published by T.F.H. Publications, Inc., Ltd, the British Crown Colony of Hong Kong.

BIRDKEEPING

by JÜRGEN NICOLAI

Among the most popular aviary birds are the finches. Distinguished by their bright song, they are also easy to breed. **Left:** zebra finches; **below:** cherry finches.

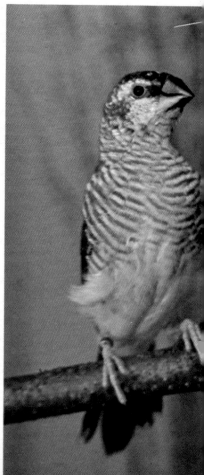

Introduction

The title of this book opens a vast field of questions to be answered and it is obviously impossible to cover all of them within the limited range of this little booklet. A much larger volume would be needed to deal with all known bird species, their needs, their behaviors, their diseases as well as their distributions and individual characteristics.

I will have to take for granted an understanding of some basic and self-explanatory details on the reader's part. For example, most African and Australian small birds live under tropical conditions. There is no special aviculture knowledge that will get these birds accustomed to the harsh freezing winter conditions which rage over much of the

U.S. I have tried to explain some of the most important facts in the feeding and caring of your bird and I have attempted to relate these to the bird's behavior. In this way, the reader will have little difficulty in understanding his bird's needs and will give it the appropriate equipment and care.

The most common mistake made by bird fanciers is to keep in one aviary several species each of which comes from an entirely different climate and area. The bird fancier then expects the birds to automatically thrive on whatever food, habitat and fellow-species he provides.

The hobbyist who has learned to observe the basic needs and behavior characteristics of his birds and gives them their basic requirements will have no trouble keeping even more difficult birds than those mentioned in this book. He will not leave his breeding successes to chance by basing his care on the accidentally achieved successes of others. He will plan them according to his own observations. He will not force a European goldfinch to feed on cheap millet, a food this bird will refuse to eat not because it is stubborn but because it cannot digest this food.

It is extremely important to find the best possible way to meet your birds' interests and to AVOID EXPERIMENTING WITH THEIR LIMITS!! This is probably the most vital advice I can give to the reader.

OBSERVATION—THE KEY TO SUCCESS

The caretaker of a large bird exhibition once told me about the mysterious loss of one or even both legs of his fledglings. During this conversation we were standing in front of an aviary when a little female quail came to the front part of the cage alongside the fence and stayed there breathing heavily. Taking a closer look, I observed the strange behavior and body position of the bird. I startled the bird and chased it away. By this action the solution to the entire problem became apparent. The little quail was completely fettered by some agave fibers which had been proffered to the weavers and finches to satisfy their nesting needs. This kind of fiber, however, is not appropriate for all birds. When the ground inhabiting birds, like doves, whydahs and quails, run along the floor, they get helplessly tangled in this material. This tangling around their feet prevents proper blood circulation and within a short time the leg will be lost completely.

After this event the employees of the exhibition freed the remaining tangled birds. The nesting material was changed and replaced by coconut fibers, which can not cause such cruel traps for the ground inhabiting species. The positive results was obvious, as leg as well as claw losses ceased completely.

In another case a worried bird fancier had reported that his dove pair could not manage to finish any of their breeding attempts. The doves were kept together with other smaller bird species such as finches in a very large aviary. When the bird fancier described in detail the nesting facilities with which the doves were provided I found that some zebra finches were continuously stealing the nesting material. This happened to such a great extent that the brooding couple found themselves being robbed even while they were sitting on their nest. The result was an empty wire cup in which the eggs were laid. This wire nest was by far too hard for the birds and their eggs, and the poor doves were smashing their eggs through the wire mesh with their own body weight. This nesting base was obviously unsuitable and should have been made out of bark. A wooden nest box would have prevented any vandalism. The little finches, on the other hand, could not be blamed either, as their own nesting material was provided in too limited quantity. This deplorable lack of material forced them to make drastic but necessary attacks on the doves' nests.

I could easily describe over a hundred other examples,

It might not be too difficult to duplicate the native regions of the South African secretary bird, but it would be difficult to keep such a bird in an aviary. Aside from reptiles, its prey includes small mammals—and other birds.

The blue grosbeak, *Passerina caerulea,* is protected by law in its native United States, but it is sometimes captured for export to Europe while it is wintering in Cuba and Yucatan. Grosbeaks are very active birds and so require a large aviary.

many of which I experienced with my own birds. They would all show how accidents may happen and how broods may be lost when the caretaker does not live up to his duty to observe the behavior of his birds and understand their shortcomings.

Birds are helpless if they have to live in a situation that never occurs within their natural environment and for which they do not have an instinctive defense. Quails and whydahs, for example, live on vast grass steppes where they never encounter any agave-like fibers. Their instinctual makeup, therefore, does not include the ability to free themselves from such dangerous chains with their beaks. On the other hand, pigeons and doves are very well able to defend their nests against fellow species or even nest enemies like magpies and jays. Yet they do not know how to react when much smaller birds, which could never be a threat to their brood, steal their nest material. In the wild such a situation never occurs because there is no lack of necessary nesting materials. In addition to this, the large nesting material used by pigeons and doves is not suitable for the smaller birds.

We must never forget that the birds which inhabit our cages and aviaries have to cope with a tremendous amount of change. They must become accustomed to a new diet and an unusual environment. They have to accept the vicinity of species which were never in their range of contact back in their home habitat. The nesting provisions are less than adequate in comparison to the rich choices available in the natural environment.

The willingness of our pets to get accustomed to changes and situations, however, has to be within their ability and we never should ask too much of them. Strong bird species are those which have the ability to become accustomed to new circumstances easily, do not have a special way of life and in no way have special demands for their food. The less we ask of our birds as far as their ability to adjust, the better they will thrive and the sooner they will behave normally and multiply.

The only way to accomplish this is by carefully and properly observing them. The better we know the behavior of our birds, the easier it is for us to notice changes in their normal behavior and so mistakes on our part as far as care is concerned can be prevented.

There is no excuse whatsoever for neglect and ignorance. Anyone who doesn't accept any responsibility for the living creatures he has in captivity at least has to admit that he would deprive himself of something beautiful by his lack of care and time. That something beautiful *makes* the bird hobby. The hobbyist experiences joy in observing his birds, in the success of breeding them and in the survey of the usefulness and accuracy of his results. One cannot expect any good breeding results from bungling birds that are improperly fed and irregularly cared for and that, so to speak, have to live in their own dirt. It is understandable that under such conditions one does not learn useful information regarding bird behavior. It is not accidental that pigeon breeders, cage bird lovers, zoo keepers and scientists who receive good results are without any question excellent observers and meticulous caretakers.

The melodious shama thrush would be a lovely addition to an aviary, but it must be carefully watched for aggressiveness toward other birds. **Below:** the aviary for pintailed non-pareils or long-tailed munias must be kept dry, as these birds are subject to respiratory problems.

Cages and Indoor Aviaries

Even those bird fanciers who normally use spacious aviaries will need a smaller cage from time to time. It is very important for the health and security of your birds to keep a new bird separated for a few days in such a cage in order to observe its behavior as well as to give it time to gradually get accustomed to its new surroundings. Sick birds can only be treated effectively when they are put in a separate cage. Even birds with young that left the nest during inclement weather should be put in a separate cage until the weather outside is more summer-like instead of leaving them in an outdoor aviary during wind and rain. You will find an enormous choice of various cage-models, but unfortunately there are very few really suited to meet the needs of your pets. The first problem is that most cages are designed for only one bird, for instance canaries and budgerigars, and

these cages are too small. Other cages are of abnormal size or have distracting features like extravagant finishings, oblique sidewalls, pointed roofs and little towers and balconies which do not serve any practical purpose. For a good-sized practical cage we choose a simple rectangular-shaped cage which measures about 50 cm long, 30 cm deep and 30 to 35 cm high. These are the minimum dimensions for single canary, budgie or finch species. The insect-feeding species, like nightingale and robin *(Erithacus rubecula)*, however, need a cage that is at least 70 cm in length with corresponding increases in height and depth. Because these birds never lose their migratory instinct, they will become uneasy at night during the time of the year in which they normally migrate. The cages should be covered with a piece of cloth during their resting hours. Shama and equally sized insect-eaters should have a cage which is about 80 to 100 cm long, 40 cm deep and 50 cm high. These tropical species do not migrate, so covering the cage at night is not necessary. The cage walls should be made out of wire-netting to ensure enough exposure to light. The best cage has wire walls all around. Although crate cages (only the front wall is wire; all other walls are solid wood) are used for the majority of insect-eaters, they are not totally suitable because they do not allow enough light to enter. The round, small and high cages are unsuitable for every bird; this will be clear to anyone who has any knowledge of what birds need, so I don't think I have to go into detail about why those cages are unsuitable.

The perches should be fixed in such a way that the bird does not touch the side walls with its tail when it turns around. The perches must also be situated so that there is enough flying space left; when the perches are placed in different positions, one has to take care that they are at a proper height. Usually the construction of the cage will allow this. It quite often happens that one provides perches in the form of branches with the intention that the sweeping movements of the branches will help the birds forget that they are in a cage. If more than one bird is kept in the cage, these branches are tortuous, especially for the birds that enjoy peace and quiet.

For many of the smaller species, like some finches and white-eye or *Zosterops* species, the perches that are usually used and which can be purchased from pet shops are too thick. Observing these species in an aviary provided with natural bushes, these smaller birds only use branches of this size for a very limited time and would never use them for sleeping purposes. This should give us food for thought. Those species which populate the rocky areas of their natural countries of origin, like blackbirds and thrushes, will develop toe inflammation from such thick perches. We can easily help and meet their needs by hanging some large stones in the cage's corners and by using plaster of Paris to make perches which are as thick as broomsticks. All perches and other resting facilities should be kept neat and clean at all times. This calls for brushing them with hot water twice a week.

Even very spacious cages and aviaries can only provide their inhabitants with a limited space. All observations regarding the bird's mating and breeding behaviors are restricted in their value because due to the limited area of the cage many of the bird's natural idiosyncrasies do not come into play. This is the reason why so many birds fail to breed in cages. Not everybody can afford to build an indoor aviary. The optimal size is difficult to determine, as this very much depends on the availability of space in your home. The measurements should be roughly proportionate to those given for outdoor aviaries. It should never be too small and when the length and depth are sufficient, it should only just reach the ceiling. In order to correctly observe the birds during the time they eat, bathe and mate, it is advisable to construct the bottom of the cage approximately one meter above the ground.

1. The hooded pitta is known to be secretive in the wild, but in an aviary it can be quite tame and will even accept food from the hand. 2. Like all the other cotingas, the lovely cotinga is a delicate bird, and only experienced aviculturists should keep this species. Acclimation is difficult, as these birds do not always readily accept a change from their native foods.

2 ►

If it is possible situate the indoor aviary against a window, and build a small outdoor box directly connected to the cage. In this way the birds can enjoy fresh air, which is very beneficial for their health. This wire cage need not be very large and the wired-in projecting structure should be equipped with a sliding door alongside the glass window. The entire box does not need to be deeper than 50 cm.

Now I want to express some thoughts about the glass cases which have become popular again lately, after having been almost forgotten for the past few decades. Despite all of the excessive promises and exuberant descriptions made by the manufacturers of these glass cages, you will find few advantages for the birds. These display cases are made to match certain types of furniture and interior decorators may feel enthusiastic about their decorative value, but your pet birds could not care less. There is no doubt about the immense advantage for the housekeeper; the cage keeps all bathing water and spilled feed inside. Another so-called advantage is the fact that the birds can be seen clearer through the glass than through bars. These advantages, however, do nothing for your fledgling.

What disadvantages are there?

First, it is very difficult to have these comparatively heavy furniture pieces situated near the window so that enough natural daylight falls on the cage. Most of the time they are placed in one of the room corners and have to be lighted artificially. Even if the room has extremely large windows and the glass cage could be placed alongside them, the glass walls generally take so much of the ultraviolet-light that the birds will not get enough of it after all. The birds will never be able to enjoy unfiltered sunlight, not even with open windows. The enormous disadvantages of receiving little or no unfiltered sunlight is obvious, especially for those species originating in the tropical zones.

Don't think that birds will feel any more imprisoned be-

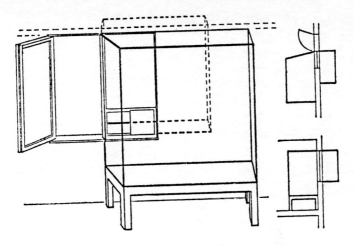

Fresh air is an important consideration when setting up an aviary. An indoor aviary connected to a small box situated outdoors would be ideal.

hind bars than locked up within a glass showcase. On the contrary many species, like finches and siskins, love to cling to the bars or mesh as they do in the wild on long grass-stems and similar plants. As the sides of the glass cages are flat, the liberty of action remains extremely restrained. A cage made completely out of mesh with perches and branches from side to side is in any case a much better environment than a cage of the same size but made with glass walls.

The attractive orange-winged pytilia, *Pytilia afra*, is generally a friendly bird, but male pytilias kept together may attack each other. **Below:** society finches can be overly friendly; they often intrude upon the nest-building activities of other birds with their uncalled-for help.

Birdhouses and Outdoor Aviaries

It is easy to understand that the more space we can offer to our pet birds, the better the result will be. Several species seem to be bored when they are kept indoors and in normal birdhouses, yet they immediately start to prepare breeding procedures when placed into a more spacious aviary or an outdoor aviary. The unmistakable advantages of such an expanded environment include: more freedom of movement, a longer way to reach the feeding facilities and a larger choice of sitting and nesting possibilities which tremendously improve their readiness to mate. You should try to get the most out of your hobby of keeping birds and delve into specific behavioral features and characteristics, which is, after all, the deeper sense of keeping birds.

The ideal homes for small bird species are specially built houses with attached open door aviaries. The space in this volume is limited, but you will find the most important items concerning construction of these houses briefly described in the following paragraph.

One important point to be observed when planning an aviary is that the windows should be facing southwards in order to guarantee sufficient exposure to sunlight. It does not make much sense to build aviaries all around the house, especially not on the northern and western sides of the house. The missing sunlight factor brings disadvantages which should not be underestimated, especially for the tropical species, which suffer from a lack of energy from the sun anyhow when they are within the more temperate zones. Only a very small number of species originating in the northern regions, like the waxwings *(Bombycilla garrulus)*, can not stand direct sunbeams. Although they like to enjoy the mildly moderate early morning and evening sun, you should provide them with protection against the aggressive sun of the noon hours with bushes and a cool inside shelter.

When you keep many birds together, you should pay careful attention to which species live peacefully together and which ones fight. It is, for example, impossible to keep two pairs of green-winged pytilia and orange-winged pytilia together in one flying room, as the respective male species would sooner or later attack and kill each other. Very few aviculturists or bird fanciers stay with the same quantity of birds with which they started. Most are inclined to build more and more separated flying spaces in addition to the first one in order to house newcomers as well as youngsters. The natural tendency to keep at least two offspring of each species and to trade new species from time to time results in the necessity of having more and more separate flights. Three to four independent outdoor flights with attached indoor shelters will allow you to keep fighting species apart, separate youngsters after they hatch and keep them apart as they grow up, and encourage sensitive parents to breed. With all of this enthusiasm and good will you should never forget to keep an eye on the cage's proportions. Very often the beautiful spacious flight space is separated into several elongated aviaries. This looks like the flight parakeet breeders have to provide for their fledglings, and these tube-like separations are sadly reminiscent of wall-to-wall mousetraps. As the birds are limited to back and forth movements they become bored. Any interesting floral decoration dies before it has been born as a result of these unnatural proportions. This explains why the outdoor flights should not be considerably longer than deep; the optimal measurements should be 4 x 3 meters or 8 x 5 meters. The bigger these aviaries are, which means that the birds have enough space to escape any intruder entering the room through the door,the less the animals will panic. This is tremendously important for their comfort and good development. The freedom which this more or less quadratically shaped flight space allows very much favors the birds' readiness to become tame.

What has been said referring to the length and depth holds true also for the height measurements. The average aviary should be about normal room height. This would not make it too difficult to catch sick or fighting species.

The part of the aviary which is next to the house wall has to be partially covered with wire, glass or transparent plastic material, thus creating a 1.5 meter sheltered area protected from the rain. This region has to be provided with sufficient branches and sitting possibilities to give enough room and escaping space to the birds in the event of a sudden rain or thunderstorm. The birds prefer sheltering under a roof rather than having to go inside the birdhouse. They are used to looking for some leaves to provide protection in their natural environment. This we can imitate by building such a roof on the shelter. Young birds which

1. Because of their large size, crossbills (*Loxia*) are not used as crossing partners for canaries and finches. 2. Cocks-of-the-rock are generally peaceful, but during the nesting period they may become aggressive and eat nestlings of other birds. Shown is *Rupicola peruviana*, the Andean cock-of-the-rock.

2 ►

have just left their nests require special care, as they generally stay wherever they are. This lethargy results in their thin plumage getting soaked completely within seconds, which is very hazardous to their health. These young birds have to be caught and put inside the house.

The kind of vegetation you install inside the outdoor aviary depends on the species housed in the aviary. In case you house only insect-eaters, honey-eaters, nectar-birds, pigeons and quails, you can choose freely among the trees and bushes native to your area. These species neither destroy plants nor do they feed on buds. Those feeding habits enable the aviculturist to arrange the aviary in a rather interesting way. In the same way, the finches also allow the aviculturist to use an inventive and imaginative design. It is no problem, for example, to use a rich choice even for some finches, as they behave rather considerately. These groups of birds require only that the trees and branches provide enough sitting facilities as well as nesting possibilities. Deciduous trees which have branches reaching down to the ground are especially well suited in this case. Many of the small birds love to stay on the floor or on bushes in its vicinity. This kind of flora makes them feel at home because it exhibits the same characteristics as they found in their natural habitat. Very well suited is *Acer campestris*, which should be cut frequently in order to become bushy. Many species of the evergreens are good for nesting; species such as *Juniperus communis, J. rubra, J. nana, J. sabina, J. virginia, Chamaecyparis pisifera, C. lawsoniana, Thuja occidentalis* and *Picea glauca* are suitable.

Especially during springtime there are certain species which show an extremely destructive character toward buds, deciduous trees and certain evergreen plants like fir, pine and juniper. These birds are primarily the following species: crossbills, bullfinches, European goldfinches, siskins and some other finches. One pair of Mexican siskins is able to destroy all sprouting parts of a grown dwarf fir within a few days. *Thuja, Ilex, Juniperus* and other resistent bushes can be planted for those species. The ground of the outdoor flights should be covered with a thick layer (a few centimeters) of fir needles. By adding a new layer every three to four weeks, we provide the birds with a perfect ground foundation in which various small animals find shelter and the insect-eaters find a rich table set to pick on. Fir needles also have the advantage of keeping the floor clean and dry. They need not be removed when the aviary is cleaned out, as a new layer goes on top of the old one and the lowest ones decompose rapidly.

In one corner of the aviary and beneath some low bushes you can try to grow some resistant wood-grass. It looks very refreshing to have some lawn around the the water area. It also provides some additional food for grain-eaters like whydahs, which love to feed on young sprouts. This grass has to be cut regularly as most birds are afraid of high stems and, with the exception of quails, do not touch the floor like that any more. Sand, which is extremely important for the well-being of grain-eaters and quails who need their dust-bath badly, should only be used as floor covering material in indoor aviaries. Sand used as the foundation of outdoor aviaries looks dirty and unattractive after a little while.

Until the trees and bushes have grown and fulfill their tasks, additional perches and other sitting facilities have to be fixed at the corners and alongside the wire-netting. Birch trees, willows, wild cherries and juniper parts with numerous horizontal branches are best suited for this. These facilities should not be scattered sparingly and if possible, they should reach down to the floor. It is important not to arrange perches directly above the drinking water container and planted living trees, as the bird droppings would have an extremely negative effect on them.

The drinking and bathing pool should be built with natural stone tiles and constructed in such a way that the edges slope down gradually and give enough room for hol-

2

1. The charming black-chinned yuhina, *Yuhina nigrimentum,* is happiest and most entertaining when kept in pairs. Individuals of this species do not always get along with closely related birds. 2. The colorful Bohemian waxwing, *Bombycilla garrulus,* is an ideal bird because of its simple requirements and its ability to become tame.

◄ 1

low spots. With this construction the birds may take their bath in whatever depth of water they choose. The tiles are very easy to arrange in this manner. The water pool should be large so that it will contain enough fresh water. It should have a spillway as well as an outlet and should be connected directly to the tap water. The best way to keep this little pond always supplied with sufficient fresh water is to never completely close the tap. Thus a continuous flow of fresh water into the pond would be maintained and polluted water would continually exit through the spillway. Such a facility is not inexpensive, but it will reward you with many moments for interesting observations and will play a considerable role in the hygiene and health of your bird.

The indoor part of the aviary is just as important as the outside part. The birds spend most of their lives—not only the wintertime, but also during cool summer nights—in this area. The number of species populating an aviary should never be calculated on the basis of the larger outside flight but on the limited area of the attached indoor shelter.

The windows which lead from the indoor to the outdoor part of the aviary should measure about 20 x 20 cm and should be equipped with perch-like panels to make the passage more comfortable for your pet. Such small openings enable your birds to use the outdoor part as well, even though the weather may not be too favorable. In this way the indoor part keeps a certain temperature throughout the day.

In case you do not want to keep exceptionally resistant European finch species, you have to make sure that you have a dependable heating system. This installation should guarantee a constant temperature of a minimum of 22 to 24°C to resist outside chills. This temperature is necessary for just about every tropical small bird species. Certainly there are exceptions, like the delicate Gouldian finch which needs considerably higher temperatures to stay healthy.

The indoor part of the aviary should be provided with

dry leaf branches and some thicker perches. Only in case the light situation is extremely favorable should living plants be brought in; a skylight, for example, would serve this purpose very well. In any case the flight rooms should not be crowded. In here, a running supply of fresh drinking and bathing water is even more important than for the outdoor aviary. The indoor part will always be more frequented than the outdoor part and the pollution problem gets by far more severe. The major source of infection for the birds is drinking water which has been soiled by their droppings.

As it is fairly costly to build a real aviary with bricks, most aviculturists have to content themselves with a preconstructed, movable aviary. Such a construction can be used to house tropical birds as well. The only needs that must be met for these species are a good light and a completely dry and solid shelter room, which should be built out of wood or brick material. This shelter area has to measure about one-third of the attached open door aviary. A well-planned shelter has to have large windows, which should stand open when the weather is nice and which can be closed easily when the weather is inclement. This will be especially important for young birds which have left their nest recently. These young creatures are not able to find protection for themselves at this early stage and will suffer from the cold, which is almost always fatal. They die unnecessarily after having survived the most difficult part of their development. The tropical species will only be able to use outdoor aviaries under moderate to warm weather conditions; they have to be kept inside heated houses during the rest of the year. In case you install a heatable shelter room, it will still be good for the birds to enjoy some warm and sunny winter days for a few hours; always leave the connecting door to the warm shelter open so that it can be used at their convenience. As soon as the air gets cooler again, the birds have to go back into the house and be kept there under warm temperatures.

Admired for its rich color, the crimson finch, *Poephila phaeton,* will act aggressively toward other birds and must be isolated from them. **Below:** Australian and African finches can breed in peace with redrumps and elegant parakeets, provided the birds are not overcrowded.

Rowdies and Killers

Imagine that you have sighted a beautiful black headed male mountain finch in a gregarious cage in your local pet shop. He lives peacefully among Eurasian goldfinches *(Carduelis carduelis)*, greenfinches *(Carduelis chloris)* and linnets *(Acanthis cannabina)*. You take this species, which should not cause any problems weatherwise because it originates in northern areas,and house it with your other finch species. For months no trouble occurs. The newcomer has adapted well and everything stays peaceful. As soon as the breeding time gets nearer, however, the mountain finch male changes his character tremendously. His plumage has brightened up; he has put on his wedding gown. His behavior gets remarkably more lively and his short call is contin-

uously uttered in a choked voice. One of the following mornings you will be shocked by the experience of finding several birds lying dead on the ground, obviously mutilated and suffering from fatal head wounds. At this point you need not undergo patient observation to find the guilty one. It was the mountain finch without the slightest doubt. The best you can do now is to catch the miscreant without granting any rehabilitation trial. There is no hope for his calming down or behaving properly within another surrounding, in a friend's aviary for example.

Other mean killers are the hedge sparrows or dunnocks *(Prunella modularis)*. These insignificant birds have to protect their nests during breeding time within a comparatively large territory. Fellow species have to be chased away pitilessly and without hesitation. During the rest of the year all *Prunella* species exhibit fairly incompatible behavior against foreign species. Sparrows and yellowhammers *(Emberiza citrinella)* escape hastily when *Prunella* species come near the winter feeding facilities. This is justified by the fact that they would be attacked and chased right away anyhow. This aggressive nature of the finch species has catastrophic results during mating time inside a restricted aviary.

The alpine accentor *(Prunella collaris)*, the Eurasian robin *(Erithacus rubecula)* and the great tit *(Parus major)* are more examples of native European birds which can turn out to be killers after weeks or even months of peaceful behavior and complete adaptation. Whenever their time comes, they systematically kill one bird after the other. Most of the time they chase the victim to desperation before they finally attack him to bring death.

The beautiful crimson finch *(Neochmia phaeton)* from Australia is one of the most dangerous bird killers known by all finch fanciers. During mating and breeding time the males show such an aggressive behavior, even against foreign species, that these try to retain a distance of at least 50 m from the males. This *Neochmia* species reacts so aggressively that it even follows bigger species into territories far away. Species like crested pigeons *(Ocyphaps lophotes)* and crows are not safe in spite of their remarkably larger size. This aggressiveness of the male bird is associated with their specific reproduction behavior. In this way they demonstrate their courage and this is supposed to impress the female in the same way shama or nightingale males use their strong and powerful singing. Pairs of certain finch species should not be kept together with other finches or at all gregariously. They do very well, however, when kept by themselves.

Strangely enough, the small Cuban finch *(Tiaris canora)*, which originates on the sugar island, will especially attack some small finch species which are yellowish colored. I once had the bad experience of finding one of my Mexican siskin males hiding in the corner of the aviary with his head bare. While I tried to free the poor animal, the Cuban finch started to chase the next siskin. Even canaries *(Serinus canaria)* have been murdered by Cuban finches. As a result of these discoveries, you should keep Cuban finches together with pigeons or parakeets and the same holds true for the big Cuban finch *(T. olivacea)*.

Those breeders who would like to cross-breed the beautiful yellow South American saffron finch *(Sicalis flaveola)* should refrain from doing so. These crossing attempts are senseless, as this hammer relative has so little to do with the European finch species that crosses between *Sicalis* and any of the species mentioned above will never be produced. The big disadvantage of these saffron finch males is their tendency to sooner or later murder every available canary female. Their bright yellow color is partly to blame for this. As soon as the last canary female is lying dead on the floor, the next disaster starts and the crazy finch chases the other finches.

There are many species which should not be kept gregariously because they are just too aggressive or even dangerous. Some of them, like the Australian honey-eaters (Meliphagidae), are rarely imported. Others are rather frequently available on the pet market, like the Brazilian tanager *(Ramphocelus bresilius)*, most tanager species, cardinals, especially the two bigger species belonging to the genus *Paroaria*, as well as pittas, laughingthrushes and common starlings *(Sturnus vulgaris)* with the exception of the royal starling *(Cosmopsarus regius)* as well as mynahs, beard-birds and most of the icterids. The shama males and small doves should also not be kept together with other small bird species. Young birds of a certain age group are especially dangerous. This will be at about three to four months of age, when they have already molted the baby plumage and the tail has grown to equal one-quarter of its length. This is when they are pubescent and enter their rowdy age. All of a sudden, birds who were behaving peacefully up to this moment start to attack diamond doves or young fledgling finches who because they have just recently escaped their nesting facilities offer little resistance to such attacks. The attacker will press down the victim's body and bash in his skull, with his hammering beak moving as fast as lightning. Males of more than one or two years of age generally behave more peacefully, especially when there are no fellow species rivals populating the neighboring aviary or when they do not get favorably disposed to a fighting mood by the call of species living nearby.

The following species do not belong to the notorious killers, yet they should nevertheless not be kept gregariously if possible. They are known for their rowdiness and can cause tremendous problems. The best known of the rowdies are: house and field sparrows, the brown-heads and crown-hammers, the little weaver *(Ploceus luteolus)* as well as most big weaver species, the red-legged honeycreeper *(Cyanerpes cyaneus)* and the cut-throat and red-headed finch *(Amadina fasciata* and *A. erythrocephala).* The two last mentioned species especially like to rob the nests of various finch species by biting the eggs and young ones to pieces and chasing away the parents.

Not every reader will completely go along with the above mentioned statements as he might have kept one of the species for a long time without experiencing any accidents. This may very well be the case. One very important point is the fact that only males become aggressive in the described fatal way. This can be explained by the cock having to protect his hen and mutual offspring against intruding enemies in their natural environment. There is, therefore, no reason why a female robin or a female accentor should not live peacefully for years together with many other different bird species. Together with many other things, the strong aggressiveness of the male is very much dependent on his gonads. In case this gland does not develop properly at the appropriate time, the male will certainly stay peaceful. This underdevelopment can be the result of an overcrowded aviary, a lack of flight space or malnutrition. All of these factors can result in a life which barely exists. The psychology which is the releasing mechanism of his aggressiveness has then not been put into action. Therefore aviculturists who have successfully managed to keep such a male for a long time gregariously without having had any trouble should not be proud of it at all. They rather should start to ask themselves a few vital questions. The fact is that the birds have not reached a completely healthy condition in all this time and they have not become mature enough to develop any reproductive instinct. There is no other secret knowledge these aviculturists have managed to ferret out. The answer simply is the downright lack of good maintenance.

All males of the above mentioned rowdies will become even more aggressive when they join a female fellow species, as this gives their fighting instinct a far more than just abstract drive for destruction. Anyone who could observe the obvious character change will never in his life forget the dramatic scene. A male crimson finch that has lived peacefully among many other birds for months, for example, can change unrecognizably as soon as a fellow female is brought into the same cage. The male crimson finch greets the newcomer by quickly joining her. Much more important seems to be the next moment when he uses all his energy to vehemently attack his poor, unsuspecting neighbor. Most bird varieties have more males than females and this forces the males into a furious and never ending defensive aggressiveness towards the numerous rivals. This is to ensure the possession of the female partner. This is the reason for the active fighting drive which overlaps the mating and breeding time in a seemingly senseless and unbiological way. The male Australian crimson finch has been observed neglecting his nest building activities for hours as he was kept so busy chasing away completely harmless birds. Under the stress of being kept in the restricted environment of an aviary, such situations can even seem more grotesque. Two male bullfinches *(Pyrrhula pyrrhula)* lived in neighboring aviaries. They fought unceasingly with each other during the very important nest-building time and their females expected them to follow their marriage duties. The males, however, did not find any time to spend with their female partners. In one of the aviaries there was a male European goldfinch who helped out; when shaking her wings as she sat alongside her exhausted husband, the female crimson finch anxiously awaited mating. In the second case a male canary took care of a female bullfinch fulfilling the role of a friendly neighbor without being disturbed in the least by the completely busy husband bullfinch. This brings back to mind the thought that the basic idea of these stubborn fights is to prevent any sexual contact of the foreign male with the female. We can understand how much the unnatural surroundings and stress change

An outdoor aviary should have drinking and bathing facilities as well as appropriate trees and/or grass for the birds housed in it. The window which is the connection to the indoor part can be equipped with a "flight deck" on which birds can land.

the behavioral practices of the birds and the effect ends up to be the opposite of what was expected. This is the result of the futility of fighting in such a grotesque situation of not being able to chase the rival away because the wire-netting separates the two flights all the time.

Birds are not chemical ingredients which can be premeasured so that you will know what their reaction will be when they are put together with others. Just a few things will happen for sure, like a sparrow-hawk has to kill small birds and icebirds have to catch fish in order to survive. Yet mountain finches and robins do not feed on smaller birds. This is the reason why there are so many exceptions from the general behavioral rule, just as there are exceptions in all fields dealing with live animals.

It is easy to provide the fruits and berries needed by lories (left) and the seeds (canary, millet, sunflower and hulled oats) and green food necessary for cockatiels.

Foods
and
Feeding

Everything we will offer to our cage and aviary birds can only be called replacement material. Different kinds of seeds, insects, green stuff and fruits are for the most part unknown to our fledglings because these foods do not exist in their natural habitat. They have to get accustomed to them in order to accept them. In order to feed the birds in accordance with their native nourishment we would have to eliminate many species from our cages, as we would never be able to duplicate nature's table. There is for example the painted finch from Australia which feeds almost exclusively on the seeds of spinifex grass *(Tridodia)*. We would hardly be able to arrange to have this grass outside of Australia. All the flycatchers for example could hardly survive if they

would not accept or could not digest ant larvae, moth maggots, egg feed and some soft feeding material which consists mainly of dried insects. There are only a very few species that are so dependent on their original feeding material that it will be almost impossible to keep them without it. Icebirds will always need small fish; most of the African honey-eaters (Indicatoridae) have to get some beeswax besides their usual meal of insects. A living micrococcus *(Micrococcus cerulyticus)* which helps the birds digest the wax lives in their intestinal organs. The strange hoatzin *(Opisthocomus hoatzin)* from South America feeds exclusively on some leaves, completely unpalatable for people, called *Montrichardia arborescens,* belonging to the family of Araceae plants.

Fortunately most birds get along well with feeding material which looks and has a chemical composition similar to their home material. All grass seed-eaters, like most finch species, small dove species and parrots will be satisfied by the diverse millet varieties and grains available on the pet market. Niger seeds, ramtil seeds *(Guizotia abyssinica),* rape seeds *(Brassica napus),* poppy seeds and sunflower seeds are excellent choices for finches. All insect-eaters for example accept and even enthusiastically love fresh ant larvae. These are very difficult to obtain in the wild and only a few birds like woodpeckers and tree creepers are lucky enough to have the ability to catch them.

The main idea of feeding our fledglings well is to bring as much diversity as possible to their menu while sticking as close to their natural feeding plan as possible. Even the tropical species can be satisfied by the numerous plants as well as seeds, fruits and insects which are well suited as a perfect addition to their daily menu.

SEEDS

Those species generally called seed-eaters usually belong to various singing bird families, which are not at all related

44

to each other. A family like this might have pure seed-eating species, others which partially feed on seeds and partially on insects, and then there are the pure insect-eating species. For example, the long-tailed munia, which belongs to the finches, is one of the pure seed-eaters; it does not even need any live animal material to bring up its young ones. Opposed to this species we know the flower-pecker weaver-finch *(Parmoptila woodhousei)* found in the wooded areas of western and central Africa feeds exclusively on insects and therefore has a very slender bill. Between these two extremes we find many mixtures. Some species generally feed on seeds throughout the year, yet supply their youngsters with insects during the first days after the young are born. Other species need about half of their menu to consist of insects and the other half of seeds. Furthermore we know species who feed only on seeds as an addition to their usual live animal nourishment. Sometimes we find the phenomenon of the same species feeding on different basic foods depending on its geographical situation. The subspecies of green-winged pytilia *(Pytilia melba citerior)* found in western Africa, for example, needs many more insects than its South African relative *(P. damarensis)*. This is one of the most important reasons why the death rate of the West Africa subspecies is about three to four times higher than the rest of the finches, as the dealers feed them exclusively with millet.

Among the native birds of the temperate zones which can easily be fed with half ripe seeds from the very first day are the serins and linnets. During the summertime the chaffinch *(Fringilla coelebs)* and the northern mountain finch as well as all the various hammer species become pure insect-eaters. An aviculturist should therefore see that a large choice of feeding material is always at hand. He should have available various seeds similar to those growing in his birds' native habitat. Furthermore he should offer mealworms, wax-moth maggots, cricket larvae, ant larvae and eggs to bring up the insect-eating young at the important time of the year when the young have to get larger and stay healthy.

In case several species belonging to families with differing feeding habits and needs are kept together in one single flight space, it is absolutely necessary to have the most important seeds available in separate dishes. This is the only possible way to control the birds' feeding activity. As most finch species as well as European goldfinches and siskins need a lot of niger seeds and sunflower seeds, the pre-mixed feeding material from your local pet shop would never meet their demands as these mixtures are always short on those varieties. This mixed food can serve as an addition to the menu. The birds can pick the flax (linseed), hemp or rape seeds *(Brassica napus)*, although this should never serve as the only available food source within an aviary environment.

One of the worst pieces of advice you find in bird literature or caring instructions is the demand to force your fledgling to finish its mixed-food portions before you give it a refill. If you follow this advice when keeping European goldfinches or American siskins, you will find the bird starving to death and sick after a few days. Mexicans, yarrells and black-headed siskins will exhibit signs of deficiency even after a few hours. The reason for this is that the seeds they are able to digest are only scarcely mixed in so that the birds will be eating out of a desperate feeling of hunger; this is not healthy for the bird's system and the bird will eventually become sick. The same happens to all of the finch species who can only digest the small varieties of millet but are only given varieties such as silver, Moroccan and la Plata. In case you keep several finch species, different millet varieties must be available and offered in separate dishes. There are, for example, some species which have strong beaks and so prefer the bigger seeds. These would include the society of Bengalese finches, Java sparrows, munia species and others.

Most of the seed-feeding species only live on dry food during a comparatively short period of the year, which generally is wintertime. During their breeding season they feed on insects or, like the chaffinches, various serin species, bullfinches and linnets, they feed on half ripe, sprouted seeds. It is obviously understandable that such species cannot feel well if they feed exclusively on dry seeds throughout the year; breeding will be out of the question under these circumstances.

The following list of plant species will show you the most important possibilities of sprouting material. You may put the entire shrub, panicle or spicule into the flight area. Only the heads of dandelion *(Taraxacum officinale)* and goose-thistle will have to be taken out right after they lose the yellow crown on the white underground. Indoors you will have to be careful not to have the seeds flying through the room as a result of their special built-in "sailing umbrella." The exact state of ripeness has to be found out for every single seed as the birds only take them at a certain stage.

Chickweed	*(Stellaria media)* Almost all European, Asian, African and American finches and most parakeets.
Groundsel	*(Senecio vulgaris)* Many finches and most parakeets.
Sorrel	*(Rumex acetosa)* Finches and parakeets.
Dandelion	*(Taraxacum officinale)* Finches, some hammer species and about all parakeets.
Goose-thistle	*(Sonchus arvensis, S. asper, S. oleracesus)* Finches and almost all parakeets.

Knotweed	(*Polygonum aviculare, P. persicaria*) Finches (especially the European bullfinch, greenfinch, goldfinch and linnet), yellow-hammer and parakeets.
One year old panicle or spear grass	(*Poa annua*) Many hammers, especially preferred by most of the larger finches and parakeets.
Chicken millet	(*Panicum crus-galli*) Some finches and parakeets.
Brush millet	(*Setaria viridis*) Splendid finches.
English ryegrass	(*Lolium perenne*) Many splendid finches and especially parrot-finches.

People with gardens can easily plant spray millet, but they should be mindful of the sparrows who have a tendency to destroy the half ripe spicules completely.

Birds love green stuff like lettuce, chickweed and cress (*Lepidium sativum*). Chicory is especially favored by African serins and European bullfinches. Lamb's lettuce and endive can only serve when nothing else is available. Not all of these plants are available during the colder season. One exception is the chickweed, which usually can be obtained from a gardener who has a greenhouse. Millet feeding species, especially finch species and African serins, can easily be satisfied by sprouted millet seeds at this time of the year.

Some bird fanciers have developed several elegant but time-consuming methods of obtaining sprouting material. The practical way is described below. I will give three ways of sprouting which should be practiced all at once. Take two-thirds of a Senegal and silver millet mixture (only

48

Senegal millet for small finches) and one-third of Moroccan millet. This mixture has to swell in a big pot with water which has to be changed several times per day in order to stay clear and fresh all the time. The pot has to be kept at a warm temperature; if possible situate it near the heating system. The seeds should be rinsed in a strainer under running water a couple of hours after having started the procedure. Afterwards this straining should be done about three times per day. The standing water should generously cover the sprouting seeds to a depth of not more than 6 to 8 cm. The sprouts break through about 24 to 48 hours afterwards and can be fed to the birds after having been dried roughly and sprinkled with some cod-liver oil (one drop to one tablespoon of food). This oil ensures that the food will remain moist for several hours and also adds some vitamin D to the food. Moroccan millet can only be eaten by the larger species, but it should always be added to the mixture as these seeds swell better than others and they keep the mixture moist for a longer time. As the serins and many finches feed their youngsters with the above mentioned mixture, they should have it available freshly prepared twice a day. Spray millet can be sprouted by putting several spadixes together in a glass filled with water and situated near the heating system. The water has to be changed several times too. After about 24 hours the water can be poured away. The millet has to be rinsed thoroughly under running water and the spadixes have to stay in a covered glass for another two days near the heat. As soon as the seeds begin to sprout they can be offered to the birds, who generally accept them enthusiastically, for themselves as well as for feeding material for their young.

The third possibility is to sow the above mentioned seed mixture into some earth put into a flat box. The container can be put into the aviary as soon as the sprouts begin to show. The birds will eat these in all the various states of sprouting.

All the seed-feeding species who need seeds as well as some live feeding material have to have a protein source besides the general seeds. It definitely will not be sufficient to give the birds some flower worms or spiders from time to time. Nowadays we have ant larvae and egg food (or biscuits) at hand. The larvae of various small meadow ant species *(Lasius)* can be gathered along sunny slopes, under stones and in similar protected places. They can survive a couple of days if they are kept in a dark and cool container within the earth where they were found. The larvae of the bigger wood ants can be bought generally in a shocked state, which means that they have been killed by a sudden and short overheating. These keep indefinitely under the right conditions, but as these have a tendency to dry out quickly, they are spoiled after about six days for the more sensitive bird species as well as for the young. They stay fresh longer when kept in the refrigerator layered inside a flat case (a layer of about six cm) which gets turned several times. In this way they can last for about two weeks. Freshly gathered and accurately treated ant larvae are the best live food we can possibly offer our fledglings. Almost all species feeding insects to their clutch will accept this excellent food. It is best to offer it two or three times per day directly out of the refrigerator; it is not necessary to warm it first. By gathering a certain amount of fresh ant larvae during the summer months, the aviculturist can be sure of being able to offer his fledglings everything possible during the winter months. As the larvae have generally become too warm after they are gathered, they should be kept in a flat box for two hours before putting them into a plastic bag and freezing them at a temperature of about -20°C. The larvae must not be pressed together in order to hasten up the freezing procedure. They can be defrosted for a few hours before feeding, but never feed them if they have been defrosted for a period as long as overnight, as some books misleadingly advise! Most of the freezing advantages would be lost this way as the larvae will quickly dry out, form little lumps and the birds will not like and accept them as well. I have been feeding such frozen larvae for years directly from the freezer. The birds accept the food readily, warm it inside their crop and feed their young. Dried ant larvae can be soaked under water and mixed together with the egg. In this way they unfortunately will only be eaten by a limited number of certain seed-feeding species. The egg food should be prepared in the following way: The eggs have to be boiled until they are hard (about 12 minutes). Both egg white and yolk have to be pushed through a fine strainer and one dry biscuit per each egg added and strained in order to keep the pieces even-sized. This mixture has to be put into a low but large container about 2 to 3 cm high and has to be renewed twice a day. If this kind of food is prepared and kept correctly, it will only dry out after a few hours; it will never become smeary. This happens especially if it is kept in the generally advertised rectangular-shaped porcelain bowls sold with the prefabricated common bird cages. Besides the egg food, you can offer other sugarless and flavor-free biscuits. Soak it for a short time in cold water, squeeze out the water thoroughly and feed this loose and half moist lump. Egg food should be offered throughout the year. The birds will happily take the egg food as well as plenty of fresh or deep frozen ant larvae.

In ant larvae, egg food, half ripe seeds and sprouted millet we find feeding material which helps us to support most seed-feeding species during breeding time and prevents the loss of too many birds. But attention!! If you plan on being successful in breeding insect-feeding species like the European chaffinch, hammer species, finches, green-winged pytilias, twin-spots, waxbills and some of the African species, you have to add some live insects or small worms to the menu. At least during the first days of the newborn fledglings you should have some wax-moth maggots and cricket larvae available. Particular species like some splended finches, violet-eared cordon-bleus, purple grenadiers, twin-spots and crimson-wings *(Cryptospiza)* will love enchytreae worms. These worms would best be offered in a shallow container with a thin earthen layer on the bottom; this layer prevents them from drying out.

Some of the finches, like the black-cheeked waxbill *(Estrilda erythronotos)*, love to feed on small blossoms and even drink the nectar of others. These species will be grateful for honey water, which can be prepared by dissolving a full spoon of honey in half a cup of warm water.

The pet market offers some "general food for raising birds" which usually consists of pulverized dried egg, ground insects, calcium, honey, vitamins and other things. This food will be accepted only by some less demanding seed-feeding species, like canaries, budgerigars and some other domesticated forms. Naturally you can proffer some of this manufactured food along with the above mentioned menu, but never expect to replace it with this substitution. This prepared food leads to laziness. The producer of this manufactured food indicates that it is good for every bird, including ostriches, birds of prey, insect-eaters and hummingbirds, but this claim is definitely deceiving for the consumer. This fact will be easily understandable to all of those people who have the slightest idea of the manifold choices of feeding possibilities for free living bird species. No matter how much we may try, however, we will only be able to provide a poor assortment to our fledglings kept inside an aviary or cage.

INSECTS

Insects are the largest category of animals in the world. About 300,000 different species of beetles are known and this is probably just one-third of all of the living beetles on the earth. In comparison there are about 8,600 different species of birds of which about only 30 to 40 unknown species have to be taken into consideration. It is logical that animals which have such numerous families and a great many fellow individuals have to be aware of the abundance of enemies. Imagine that because of some catastrophic event all living insects on earth have been killed. This would inevitably be followed by the mass death of a great many entire bird families such as the Turdidae, Muscicapidae and Sylviidae.

In the following paragraphs I will not deal with all the bird species which feed only on insects. Fortunately they accept quite a few other kinds of live food, like worms (blackbirds and many other big thrushes) and snails (singing thrushes). Looking for a suitable substitution, we find good quality in the larvae of various ant species. The red ant (genus *Formica)* in particular gives the best food material we can think of.

All species which generally feed on insect material will readily accept ant larvae. These species include turkey or peacock chicks, the tiny three to four gram goldcrests *(Regulus regulus)* or firecrests *(R. ignicapillus)*, as well as the greater Asiatic whistling thrush *(Myophonus)* which belongs to our above mentioned three families and the smallest catcher species of the genus *Petroica*. Some insect-eaters can not be kept alive with only food substitutes. Those have to be fed with additional ant larvae in order to stay alive and healthy in the long run.

Unfortunately, ant larvae are in extremely short supply nowadays so that no matter how many you offer you can never satisfy the demand. As the big red ants fall within the scope of "conservation of natural beauty and wild life" in large areas of Europe, for example, there are only a very few selected people who have permission to gather them. Fortunately there is a company in Austria which takes care of as much of the market as they can. It is very wise to gather as many larvae as you possibly can during the warm months and freeze them for the cold seasons. Especially the rather delicate insect-eaters, like certain flycatcher species, should be provided with mainly live and fresh food during the summer months. It is extremely important that the larvae are in excellent shape when they are fed. Under no circumstances should they get wet or overheated through inappropriate handling during transport. In case this happens, they will soon become mildewed and lose their typical "wood-smell." Larvae which are moist or compressed and thus are overheated have to be spread out instantly in order to cool and dry them before storing them in the refrigerator. Even the slightest touch of mold will considerably decrease their nourishing value. They are definitely unusable when the decomposition is obvious and mold can be seen. Insist that larvae be sent to you in low, spacious boxes with air holes and that they be spread on crumpled newspaper. By no means allow them to be sent in plastic bags or small boxes with insufficient aeration. In case you receive the larvae alive together with living ants, kill the adults in an oven; if the larvae are left out until the adults die, they will blacken within a very short time even in the refrigerator and become useless as food.

During the time when there are no larvae available, other "soft food" has to take their place. Numerous companies offer various kinds of such foods in various degrees of quality. The quality depends on the percentage of dried ant larvae and the so-called "white worms," which are dried aquatic insects. Generally this feeding material consists of dried insects, ant larvae, white worms, biscuits and other materials. The best way to prepare it is by mixing the dry food with some cottage cheese just before giving it to the birds. It should have a light consistency and by no means be smeary or lumpy. Another way to moisten dry food is by mixing it with some grated carrots. This method, however, does not really appeal to the taste of those species which do not particularly feed on plant material, like shamas, nightingales and bluethroats (Luscinia svecica). On the other hand warblers, who love berries in their menu, gratefully accept the dry food mixed with grated apple. Pet shops also carry some especially prepared food which are mixed with elder, juniper and mountain ash berries.

As mentioned before, the insect-eaters should also not be forced to completely empty their food mixtures before they are entitled to a refill. Very often what is left over includes materials with which the birds are not familiar or materials they just cannot digest. If forced to eat this material because of extreme hunger they will soon exhibit severe problems. The portions which are offered should always allow them to leave a little left over. Soft food should be prepared in a large container and it should be given once in the morning and once at noontime.

The smaller species of the insect-eaters in particular should not have to totally depend on soft food material. We should give them one or two teaspoons of egg food daily. Its preparation procedure was explained in the section for the seed-feeding species. Unfortunately, the value of egg foods for the insect-eaters has rarely been sufficiently acknowledged. You will probably quickly notice that the insect-eaters rather often prefer the egg to the soft food material. Always pay attention, however, that they do not live exclusively on that, as this food includes hardly any vegetable fiber material and will certainly cause diarrhea. An additional portion of ant larvae or soft food is necessary.

A third feeding possibility is the dried ant larvae. We feed these in a separate container which is refilled as soon as the old portion is gone. Actually, the bigger thrush species do not have to be fed with the expensive and rare larvae, but for the delicate birds like flycatchers this food is invaluable. Especially during the early hours of the day, when the soft food material and the egg is dried out, these fragile and delicate species should have at their disposal a feeding material which does not change its quality. In Europe most larvae come from Finland. Immediately after it is harvested the material is efficiently dried under extreme temperatures. This is the reason for the better quality of larvae which come from Germany and Austria, as they are dried especially in the open air.

Along with this basic feeding material you can offer small pieces of lean cooked ham, hard boiled or raw grated beef heart (especially to the thrushes), dried daphnias (to sedge warblers and common wrens), pine seeds (to shamas), small red earthworms or angleworms (to thrushes) and enchytreae. Quantities of mealworms can only be digested by the larger species. Shamas and flycatchers should not have more than twelve to fifteen of these worms divided into three portions per day. Nightingales should not have more than two to three with the exception of their singing period between March and June. All of the other insects can be given without any further restriction of their quantity. Insect-eaters who suffer from a disease can be taken care of with plenty of boiled flower worms cut into thirds. Birds who are suffering from malnutrition and infected digestive organs very often do not accept soft food material anymore. These convalescent cases fed with such boiled worm pieces can be kept alive until they have fully recovered. Boiling time should be two to three minutes. Along with ant larvae these worm pieces are an invaluable addition to the menu to raise young birds. As many insect-eaters love small amounts of tender, green plant material, we can mix some small pieces of lettuce leaves and chickweed with the soft food.

Nobody is forced to keep insect-eaters. Anyone who feels that the proper care of these birds is far too time-consuming and expensive should stick with the less demanding seed - eating species. Do not forget, however, that these also need a minimum amount of care and will not long be happy with a few portions of prefabricated seed food. The bird industry tries to help the anxious bird keeper with prepared feeding material, which generally contains some suet. Further preparation is unnecessary. You only have to follow the directions printed on the package and fill the cages' food containers with the prepared food. The only problem is that there are very few species which can absorb and digest nonsaturated fatty acids. During a comparatively short period of a few weeks in winter-time, we can feed certain bird species like blackbirds, starlings and robins with beef tallow, bran and porridge oats; but as soon as the birds can go back to their natural feeding resources, we have to stop giving these foods as they can cause severe fatty degeneration of the liver. This might only become obvious after several months and usually is fatal for the fledgling.

FRUIT AND BERRIES

When they live in their natural habitats, some of the seed-eating species and many of the insect-eaters consume lots of fruits and berries during a certain season. As the birds' metabolism and vitamin makeup is synchronized for this type of additional nourishment, we definitely should not let them suffer from the lack of such a support. The European bullfinch, for example, eats lots of berries. This bird particularly needs the seeds of mountain ashes *(Sorbus aucuparia)* and we can feed them fresh as well as dried. Bullfinches will readily accept sweet pears and apples. In Europe, the insect-eating warblers almost exclusively live on elder berries for weeks during autumn. As a substitution we can offer these birds grated apples, bananas, cut grapes and light colored sultanas. Raisins and sultanas should not be waxed. Only buy them in healthfood stores. For waxwing species fruit and berry food is indispensable, but never give them grated apples. Just cut the fruit into small pieces and peel it so that the birds can swallow the pieces. The Brazilian blue grosbeak and the red-headed parrot-finch will enjoy unwaxed figs.

1

2

VITAMINS, CALCIUM AND MINERALS

Birds fed on natural foods do not need any additional vitamin doses. During the autumn and winter months we can give some drops of liquid vitamins, which can be obtained at your local pet shop. Beware of pouring this supplement aimlessly over your birds' food material. Although there are no existing published studies concerning any of the smaller species, we can be sure to overdose the vitamins this way. We should give liquid vitamins separately in a little bowl: four to five drops in 40 ccm of water. Calcium can be offered by spreading crushed eggshells on the fresh sand floor of the aviary. These eggshells are readily accepted. Special containers should also be provided for Vita-calcium, mineral mixtures and charcoal. There is no bird that will suffer from a lack of any of the above mentioned materials as long as there is some of each material available for the bird.

This chapter had to be so detailed because the basic requirement for succesful bird keeping or breeding is to give the correct nourishment. If there are any mistakes made concerning this important aspect of keeping birds any further actions are useless.

3

Begging for food with its highly stylized posturings (1,2) the baby zebra finch successfully attracts the attention of its female parent and (3) obtains the desired food.

A number of the whydah species (shown left is the yellow-backed whydah) are parasitic in their nesting habits, placing their eggs in other birds' nests.
Below: young pheasants hatch in 23 to 28 days—if the hen has not been allowed to eat the eggs.

Breeding

Birds in general are able to reproduce only during a short period of time every year. The larger species, like cranes *(Grus grus)*, bustards *(Otis)* and storks are even limited to a few weeks per year. Only during these few days do their gonads function perfectly so that the males will be able to mate with the females, who on their part will only then be able to lay eggs. The exceptions include only some extremely domesticated species, like chickens, budgerigars, doves and zebra finches. These species are able to reproduce almost all year round. Some species have to breed uninterruptedly for months because they live in areas where the climate is uncertain; dry periods favorable for breeding purposes are not predictable. This is the case, for example,

with songbirds, doves and parakeets populating the dry areas in Australia.

As soon as the time for mating comes near, all species change their usual lifestyle in a most astonishing and noticeable way. Due to a strong sex drive, they develop unexpected abilities and exhibit unforeseeable performances which time and again leave us speechless in pure amazement. For example, the tiny sparrow-hawk *(Accipiter nisus)* male who only grows to about thrush size generally stays near to the ground when moving from one part of the woods to the other. At breeding time you can see him high up in the air, using the updrafts like a full grown bustard. Another example is the paradise bird of New Guinea; these birds develop into incredible beauties with the most colorful plumage you can imagine and perform strange courting dances. The bower birds of Australia and New Guinea construct real artwork: bowers, for example, with painted blue walls. They use juice of a certain berry to get this color. The entry of this chamber is decorated with colorful leaves, blossoms, snail shells and broken glass pieces; it is even padded with moss. They also build brushwood towers which reach the height of about three meters. All of the many different performances and activities displayed during courtship are inherited programmed actions. These behaviors are inborn, typical and irrevocable for every single species. A peacock, for example, will only be able to court and mate in a certain way, no matter what his youthful experiences might have been.

Things are different regarding the birds' voices. Although most bird families, like doves, ducks, geese, woodpeckers and others, always communicate with the same intensity and range of notes, the singing birds are the big exception to this rule. The famous ornithologist Oskar Heinroth, for example, received a four-week-old nightingale male. This young bird had no opportunity to listen to the call of a fellow species. For the next ten days this youngster was kept together with a grown blackcap *(Sylvia atricapilla)*. When the nightingale started to sing in November of its first year, its sound was undistinguishable from the sound of a blackcap. Heinroth waited until the next spring and brought the young bird together with an older male nightingale that was singing well. This one-year-old bird learned within a few days how to sing like a real nightingale; it had not forgotten any of its former singing abilities and verses.

The above example shows that the specific singing for which the nightingale is well known is not inherited but has to be learned. Most of the time it will be the father who is imitated. Another thing we can learn from the example is that young nightingales are so anxious to learn to imitate verse structure that they will look for and readily accept any other fellow singing species in case there is no direct relative available. Despite the young bird not being able to learn his typical way of singing without a teacher, the young bird must have a pretty good idea of the actual sound; otherwise our one-year-old youngster would not have been able to adjust so quickly to the "right" notes after having learned another verse. This proves that nature only needs a little help and support to bring out specific characteristics; the young nightingale probably needed to listen to its father a few times in order to learn a nightingale's way of singing. Once learned, this information will remain in the bird's mind for its entire life.

In 1961, Mr. Thorpe described how chaffinch males will act in case they do not have the opportunity to listen to a fellow species when they are very young. They will not be able to learn "their way" later. A chaffinch male will sing a verse which has about the same length and contains similar intonations and other sound elements like the original one but does not sound exactly like the original one. The birds seem to be born with a vague idea of their call but are incapable of forming it correctly without a teacher; they also have a time limit to learn it.

There are other species which are born without the innate ability to sing a particular song, but unfortunately only very few have been thoroughly studied. There are many reports which suggest that all singing species have to learn how to sound like the father, but this is quite inaccurate. Many singing birds which communicate by using an easy form of verse structure, like almost all finches, the chiff-chaff *(Phylloscopus collybita)* and the whitethroat *(Sylvia communis)*, have a rather simple song arrangement.

There are other types of singing talents. Some species basically know their song's main elements but will readily learn to imitate sounds taken from their environment. Bull-finches, for example, will chatter and murmur their typical way when they are three to four weeks old. They do so even though they are kept apart from their parents and fellow species and live only in the surroundings of people. In the long run, they will develop their "normal" way of singing but without the specific high pitch and some other typical elements. The difference becomes obvious when you have canary parents raise your bullfinch young. After about six to seven months, your fledgling will not betray his origin by one note, and he will have adopted the canary call completely. Not only are the notes similar and perfect, but also perfectly imitated are the difficult specialties, the sequence and the timing. The amazing fact is that the young bull-finch will imitate its foster parents even if it is raised in the vicinity of other bullfinches during the important first months of its life. This example shows that the young bull-finch has such a strong personal relationship with the creatures who take care of it that it will completely concentrate on their voices and reject all inborn knowledge about its own way of communication.

For an extremely long time we believed that the ability to imitate alien species was the privilege of only a few singing birds, like finches, thrushes, flycatchers, shrikes *(Lanius),* ravens *(Corvus),* lyre-birds and parrots. The estrildid finches did not seem to belong to this group as their note structure sounds rather simple. Many of them were raised by domesticated society finch parents and never seemed to sing differently than their original parents. I listened to many Gouldian finches which had been imported from Japan where they were raised by societies, parrot-finches, diamond finches, grass finches and Wiener's finches; all of them communicated exclusively in the way that it is identical for their species' type.

K. Immelmann, a well-known ornithologist of Europe, reported that some zebra finches that were raised by society foster parents adopted the parent's call and passed the same on to their sons. Another case was reported by F.u.O.Karl, who had a young, aviary-raised green parrot-finch which adopted the call of his green-backed twin-spot parents. I myself had a young red-winged pytilia *(Pytilia phoenicoptera lineata)* which was raised by societies and called their way.

For the moment we can only speculate about the reason for this specific behavior of some species.

There are certain bird species which have a specific reason for imitating other species' calls. The African whydahs (Viduinae), for example, are all brooding parasites. They place their eggs into the nests of finches in order to have their young raised by these foster parents. As far as we know, each whydah species parasitizes one single finch species, as their young share some of the young finches' characteristics. The baby whydah has the same throat pattern, the same pleading calls and movements and a similar feather formation as the young finch. Some of the whydahs which follow this behavior include the queen whydah which parasitizes the violet-eared cordon-bleu, the pin-tailed whydah which uses the St. Helena waxbill and the paradise whydah which uses the green-winged pytilia.

The diamond finch or diamond firetail (1) needs its own enclosure and outdoor flight to come into good breeding condition and prevent aggressiveness. The St. Helena waxbill (2) and the long-tailed munia (3) need a large aviary and non-inquisitive keepers and cagemates for good breeding results. (4) Seclusion is important for good breeding results from red-winged pytilias. (5) The male Cuban finch is less quarrelsome when it has a mate.

2

It is very easy to find out which finch species have been foster parents for specific whydah species, as the young will have the same call even when they are raised in an aviary. All whydah species adopt this alien call in addition to their own weaver way of communication.

These examples have shown how the whydah species act in order to survive. The young whydahs are only well adapted to one particular finch species. If the egg is laid into the wrong nest, the foster parents will be able to distinguish the intruder and will refuse to feed the foreign baby; the baby will then die of starvation. It is absolutely necessary, therefore, that the female whydah knows the appropriate host parents by their voice. This should not be extremely difficult, as some time ago she was raised with this species as well. It is very important for the female to find the right partner, a male whydah whose genotypes carry all of the adaptation abilities which have been gathered so patiently for generations. The male has to indicate this with his call, which works like a password in the army and helps the female identify a partner with equal background. In this way the mother is sure to do everything possible to grant her child the same genotype inheritance.

This example clearly shows how important the call can be for courting purposes and how much the female can learn from the call. Courting and mating procedures have other purposes as well, including the prevention of mixed marriages. The results of such mixed matings will be analyzed in the following chapter, which deals with cross-breeding in general.

The male's call is one of many courting methods for birds. It is known that in many bird groups the males only sing during the breeding season. The males then quite often only communicate with more or less sonorous single calls or notes placed in a certain order. The most common courting behavior is a demonstration of superiority. The mating male will try to show its rivals and desired female what an outstanding individual he is; this demonstration includes courting flights, special body and plumage movements and positions, mating dances and chasing and fighting other males.

These are just a few examples from the long list of courting behaviors. If we know our fledgling fairly well and observe the bird carefully, we will notice the symbolic meanings of certain courting behaviors.

Quite a number of courting behaviors and activities are symbolic gestures. A red-billed firefinch or a violet-eared cordon-bleu male courts a female by taking a long blade of grass or a feather in his beak and sticking his head high up in the air. Then he starts to hop around her with slow jumps. This mating dance shows the female that the male is extremely interested in building a nest with her and thus meet the basic requirements for beginning a family. The movement itself can be explained by following the male's actual activity during the construction of the nest. During the dance, however, the movements are more impressive and exaggerated in order to act as appropriate signals. This procedure transforms actual activities into symbolic gestures. This operation is called ritualizing by the behavioral scientists.

The courting dance of the Australian diamond finch has combined this ritual show of nesting behavior with an imitation of a hungry youngster. The male starts with the search for an extremely long stem. He places himself on a long, horizontal twig, which bounces up and down. Then he starts to hop without letting the little branch go. His call consists of a short sequence of deep bass notes. As soon as the female comes near, the male starts to increase his hopping activity. Finally he bows forward and angles his head sideways and upwards to imitate the head movements of youngsters of this species at the feeding moment. All of the males' movements and body positions are so similar to those of a helpless baby asking for food that the female is

1

3 ►

Many birds are sexually dimorphic, with the male being more colorful than the female. Such is the case with red-cheeked cordon-bleus (1) and mikado pheasants (2). Macaws, such as the red and blue macaw (3), are difficult to sex.

2

magically attracted. The value of this symbolic behavior is easy to understand. The male coaxes the female by means of the courting dance which is represented by offering the nesting symbol and then imitating a baby. The female is influenced by this dance because she is known for having a strong attachment to her clutch and a well-developed sense of caring for her young.

These are just a few of the unusual courting behaviors which have phylogenic origins. There are some other exceptional breeding and caring behavior patterns which are also interesting. The royal albatross *(Diomedea epomophora)* needs the longest brooding period of all birds. They have to sit for about 80 days on their eggs, whereas the largest living birds, the ostriches of Africa, only need to brood for 42 days. Some birds like the *Zosterops* (white-eye), the paradise whydah *(Vidua paradisea)* and strangely enough the rather large ruddy quail-dove *(Geotrygon montana)* only brood for ten days. The period of brooding does not necessarily depend on body and egg size, although in general the larger the eggs are, the longer they take to hatch. An exception to this is the Australian diamond dove which weighs only 40 gm and is the smallest living pigeon species. This bird needs thirteen days as compared to the ruddy quail-dove which weighs 140 gm and needs only ten days.

The smaller African finches generally brood eleven days; the larger species brood thirteen to sixteen days. In case of any disturbances which keep the zebra finch parents from brooding regularly, it can take up to 26 days for the clutch of this Australian species to hatch. Naturally these embryos will only survive such long waiting periods if the surrounding temperatures are high enough.

Medium-sized finches like canaries, bullfinches, greenfinches and serins and the rock thrushes *(Monticola saxatilis)* and blue rock thrushes *(M. solitaria)* will need thirteen days for brooding; the shamas need eleven days.

The bigger pygmy ground-doves, the ruby ground-doves,

the Peruvian ground dove and the blue ground-dove *(Claravis pretiosa)* brood fourteen days. The pheasant pigeon *(Otidiphaps nobilis)* which originates in New Guinea takes as long as 23 to 25 days for the brooding of a single egg, and if the weather is unfavorable, they may need up to 29 days. This long brooding period is only exceeded by that of the largest pigeon species, the common crowned pigeon *(Goura cristata)* which always needs 30 days for brooding.

The moment the young birds break the eggshell, the most strenuous and exciting period starts for the parents. Now they have to arrange to feed the offspring and this heightens the danger for the nest and its inhabitants. Although a family that wanders out of the nest attracts attention from interested parties, the birds which leave the nest after they hatch have less chance of being grabbed by one enemy at a given time while birds which stay in the nest have less chance of surviving such an attack. Bird families which leave the nest, such as ducks and chickens, will inevitably lose some of their young to hungry enemies.

Methods of caring for the clutch vary as much as the courting and mating behaviors. These are numerous and it is only possible to give a sampling of the most important behavioral patterns.

Pigeons have the least noticeable change of pace during the first day of their young. The male continues his daily routine of coming to the nest during the morning to exchange places with his wife and taking care of the clutch until the early afternoon. During this break she finds time to get some food and water and to take a sunbath as well. The one sitting on the nest has to feed the offspring with the milk from glands in the crop. This is a protein-rich pap with the consistency of cream cheese and is secreted from the cells of the epithelium. After about four to seven days, depending on the size of the species, the parents will mix this nourishing milk with some solid feeding material which they find during their own search for food. This so-

1. The bullfinch, *Pyrrhula pyrrhula,* thrives on fruits, buds, insects and seed mixes. 2. As can be seen from the gaping mouths of the baby great tits, *Parus major,* being fed by their parents, the task of feeding the young is a full-time job.

lid food can be all sorts of different material. The fruit-dove species will probably mix it with some berries and fruit pulp, the seed-eating species probably will have some seeds available and the insect-eaters such as the bleeding-heart pigeon, the ruddy quail-dove and others provide live material. This is important information for the breeder who might find it difficult to breed pigeon species raised by foster parents. Everything works out perfectly as long as the young bleeding-heart pigeon is fed exclusively with the gland milk of its ordinary domestic pigeon foster parents. As soon as these begin to mix some seed with the pap, however, the little one will start to show digestive problems. When the nursing parents finally start to feed pure seed material, the young fledgling will suffer from severe intestinal and liver disturbances and will eventually die of those inflammations. The ordinary domestic pigeon parents have to get used to eating small bits of sliced cheese, egg food and white bread soaked in milk during the breeding period so that they will readily accept this type of food a little later when they have to feed the delicate and precious little foster chick. Adapting to this food is important for the time when they actually change from feeding pure gland milk to seed food.

Every single species knows exactly what to feed its young. The parents will treat all the babies in their nests as if they were all their own children, and naturally the parents will feed the young according to their own taste and needs. This behavior, however, has a disadvantage. For example, if young small tropical finches are raised by society finches, the young will develop digestive problems because the foster parents would not feed them with the live food that their own parents would give them. After a few days the society finches will start to mix egg food with seeds; this is extremely difficult to digest for the insect-eating young of Wiener's finch for example. In this case the breeder has to try to get the grown birds to stay with the live food for a

Although the robin is usually not a choice foster-parent, here it actually stands on a young cuckoo to fulfill its feeding responsibilities.

while. You should remember that nursing foster parents should only be used in case of actual research or if the life of the young fledgling is in acute danger.

It is important to know that it is impossible to try foster activity among all finches. These birds have different feeding methods. Moreover the youngsters have varying throat patterns and pleading movements, so that every fostering experiment has to result in an absolute failure.

The better the breeder knows his fledglings and the more familiar he is with the particular needs of his birds especially during breeding time, the less danger there is of well-meant but inadequate provisions. A breeder who is well acquainted with his birds will not harm or completely destroy a promising clutch by acting against the natural breeding procedures.

77

2

1. The yellow-eyed babbler, *Chrysomma sinensis,* feeds on mealworms, insects and fruit. It would do well in a large community aviary. 2. The geen cardinal, *Gubernatrix cristata,* is considered to be the best breeder.

◄ 1

The European serin is highly respected for its ability to crossbreed with canaries and other singing finches. **Below:** softbills and finches should have a planted aviary and a choice of nesting facilities.

Cross-Breeding

Through the hundreds of years of natural selection every living being has adapted to a certain area and very special living conditions. Here they find their food in such a way that they can absorb it. They have developed certain mechanisms to detect or fight their natural enemies. Within this certain area they can survive natural catastrophes or they are at least able to recover from too many losses within this, their personal environment.

All of these delicate and perfect achievements in adaptation will be diluted and therefore be more or less negated by crossing the species. The genotypes of their offspring will be mixed. By describing a hypothetical situation I can easily explain the results of such a crossbreeding. In central

2

Pittas, like the Indian or
Bengal pitta (1), are not
very peaceful with others
of their own kind. Painted
buntings (2) and nonpareil
buntings (3) are pretty
birds, but they do not
show particularly good
breeding results.

3

Europe there are numerous great gray shrikes, also called northern shrikes *(Lanius exubitor)*, and lesser gray shrikes *(L. minor)* living in the same area. What would happen if these species were to cross-breed? The smaller shrike is a migratory bird which travels long distances in order to stay in eastern or southern Africa during the winter. The larger shrike stays in Europe. This species has short, rounded wings which render long flights impossible. Crosses between these two would result in a physically and instinctively odd creation. The crosses would have neither the long wings of the lesser gray shrike nor its migratory instinct; therefore, they would never arrive at the winter quarters of the species. On the other hand they would not be able to stay in the cold temperature of Europe's winters, as they would not have the resistance to cold weather like the northern shrikes. They would not be able to catch smaller birds, their only food, especially when there is snow on the ground. In short, such crossings would disappear during the first autumn or winter and through such natural selection, this form would disappear completely.

There are numerous bird fanciers who find their special fulfillment in achieving breeding success with rare crossbreedings or with completely new combinations. For those people as well as for zoologists, these crosses can give important and interesting information about the possibilities of the species cross-breeding itself as well as the behavior of these crosses and their mortality rate. All of these facts will give invaluable information about the parental relationship. The market has enough literature available about all sorts of crossbreeding successes and their procedures. I, therefore, will give a detailed description of and important information about the basic principles of crossbreeding in general. Most of this written literature leaves a vast number of breeding possibilities open for experimentation, but there are certain rules which could help the crossbreeder save time and effort if he is familiar with them.

The following are three examples of how easily the hobbyist can be misinformed by a few articles published in various specialized magazines. One bird fancier described a visit to an exhibition where he saw the most beautiful crossbreeding result of a Peking robin *(Leiothrix lutea)* and a green cardinal *(Gubernatrix cristata)*. This hobbyist almost drowned in praising the breeder's efficiency! Another case involved a breeder who kept some common sparrows with canaries. One of the babies in the sparrow's nest was variegated. This was enough for the poor breeder to simply declare that the sparrow female had mated with a male canary. Fortunately the accompanying photograph was analyzed and the experienced breeder quickly found out that the supposed sparrow-canary cross was simply a partially albino sparrow. The third case was a report, published in a French journal which described the cross-breeding of a male fire-red Madagascar fody *(Foudia madagascariensis)* and a female canary which resulted in fertile (!) crosses. These youngsters were reputedly able to reproduce among themselves and produce the most beautiful red "canaries." Based on known scientific research this is simply not possible.

Some people excused these pseudo-authors by comparing their reports to fictitious articles found in the "reader's corner" of the stories in another newspaper. The authors of these sensational reports are rarely asked to account for their false information. This, however, should not hold true for a specialized professional magazine. Whoever takes the responsibility of addressing his ideas and opinions to the attention of a limited but very interested group of hobbyists and fanciers who are eager to learn and imitate the published advice should not get carried away with grandstand sensationalism, wrong information or even white lies. Such articles might lead a poor beginner, who believes all

Birds such as (1) the hooded mountain tanager, (2) the lined seedeater and (3) the white-throated finch, cannot be crossed with European species. The Peking robin (4) is one of the most prolific breeders among the softbills.

2

3

written facts, into misery and failure. The systematists' main interests include the connections of the bird's group and species, so it is very serious when wrong information is taken into consideration by the zoologists as serious criteria for phylogenetic studies. In general a specialist will be able to detect such an obvious stratagem, but it has happened before that errors have been included in scientific schemes and caused enduring mistakes and conclusions which have been difficult to overcome.

The following example is well suited for clearly showing the frequent confusion and the incorrect conclusions which may result from such confusion. Several species of the beautiful buntings *(Passerina)* of northern and central America are imported yearly. The most commonly imported species are the entirely blue indigo bunting *(P. cyanea)*, the painted bunting *(P. ciris)* with blue head and golden greenish back coloration, the orange-breasted bunting *(P. leclancherii)* which has a sky blue backside and an orange colored belly and the rarer species, rather less colorful, like the lazuli bunting and varied bunting *(P. amoena* and *P. versicolor)*. These birds are about the same size as the chaffinches and exhibit similar beak formation and habit patterns. These shared characteristics tempt many crossbreeders to try their luck in transferring some of the beautiful indigo blue, the pretty painted color or any other color characteristic of the above mentioned variations in a cross with a canary species. All of these hundreds of experiments have been reported as being unsuccessful. The cross partners either did not find any interest in each other or the clutch turned out unfertilized after the mating had finally taken place. The reason for this failure is the distant relationship which these relatives have. The buntings are distantly related to the true finches. Their slight similarity in beak formation and body structure is explained only by their similar lifestyle. Although the impossibility of crossing buntings and *Serinus* species, the genus to which the canaries belong, finally seems to have been proven, an article has recently been published which reports just the opposite. The article's author not only describes the successful cross-breeding of an indigo bunting and a canary, but also reports that the young of the cross are fertile. The blue coloration was also transferred to the canary offspring.

If you want to properly care for the beautiful American blue buntings, you should feed them with Moroccan millet as well as with lots of ant larvae, egg food and live insects. Besides this they will be grateful for an aviary with numerous plants. It is advisable to keep them in pairs separated species-wise. The bunting males will be aggressive against the males of fellow species during breeding time and will even fight to death with them. The gregarious company should, therefore, never include two males of the same species. Never try to crossbreed canaries with bunting species, as entire generations of experienced breeders have already lost their time trying this.

A simple rule for bird fanciers who are interested in crossbreeding is that of all the American birds, only the carduelins (especially siskins and rosefinches) can be used as crossing partners for finches and canaries. The other American carduelins are either not imported, like the rare *Leucosticte* species, or because they are too large they are not used, like the pine grosbeak *(Pinicola enucleator)* or the crossbills *(Loxia)*. Physiological obstacles are not known, so they could probably be crossed with any canary or other smaller carduelins.

All the other species which look similar to the American finches cannot be crossed with the European species, as they are not related closely enough. This includes all saffron finches and their relatives as well as all hammer and crest finches, cardinals, tanagers, seedeaters *(Sporophila),* Cuban finches and blue-back grassquits *(Volatinia jacarina).* The African species which can be crossed with the European finch species are serins, desert bullfinches

The collared sunbird (1) is very aggressive toward *all* birds and needs a large, well-planted aviary. Weavers, such as (2) the blue-billed weaver, cannot be crossed with European finch species. The best breeders in the waxbill family are the firefinches, such as (3) the black-faced firefinch and (4) the red-billed firefinch.

The European goldfinch (1) is one of the most popular cage birds both in America and Europe. (2) A courting bullfinch male usually uses a dry sprice twig as a nesting symbol.

and some rare siskin species like *Rhynchostruthus*. All the hammers, weavers, sparrows, whydahs and larger finches are distantly related, so there is no cross-breeding possible.

The closer the species are related, the more probably can they be crossbred. One example taken from the wild is the whydah; these birds crossbreed in their native habitat.

Many of the Asian siskin species are not imported. The only popular species is the oriental greenfinch *(Chloris sinica)*, which is closely related to the European greenfinch. This is the reason for their readiness to cross with European goldfinches and canaries. Lately the black-headed greenfinch *(Carduelis spinoides)* has become fairly popular, but, unfortunately, this species has frequently been misnamed as the "Himalaya-siskin."

All central European finch-type birds, like linnets, mountain linnets, common redpolls *(Acanthis flammea)*, greenfinches, European goldfinches, lemon greenfinches and bullfinches, can be crossed with one another as well as the canary; because of the larger size of a few species, for example the crossbills, common rosefinches *(Carpodacus erythrinus)* and pine grosbeaks, the crossbreeding efforts are rather limited.

Chaffinches and mountain finches are much more distantly related to the above mentioned finch-like birds and will therefore be difficult to crossbreed. The clutches of the females will almost always be unfertilized. All experiments with hammer species will certainly end in complete failure as these species are too distantly related to the above-mentioned species.